RABELAIS

GARGANTUA

Parcours : **Rire et Savoir**

L'œuvre et son parcours

RABELAIS

GARGANTUA

Parcours : **Rire et Savoir**

FRANÇAIS

1re

Programme du BAC

ellipses

Amélie Goutaudier

Retrouvez tous les titres de la collection sur
www.editions-ellipses.fr

ISBN 9782340-048898

8/10 rue la Quintinie 75015 Paris

www.editions-ellipses.fr

« Et son éclat de rire énorme
Est un des gouffres de l'esprit ! »

Victor Hugo, *Les Contemplations,* « Les Mages » (VI, 23), 1856

Table des matières

Introduction **7**

Étude approfondie de l'œuvre **9**

Mise en contexte de l'œuvre **11**
François Rabelais, un homme inscrit dans son temps 11
L'œuvre dans son siècle :
les contextes littéraires, culturels et politiques 14
Genèse et place de *Gargantua* 17
Publication et réception de l'œuvre 18

Les enjeux de l'œuvre **21**
Le prologue 21
Résumé et analyse suivie : une composition linéaire
qui adopte la structure du roman de chevalerie 23
Rire et Savoir : éthique et esthétique de la joie 37
Parodie, satire et idéal : l'éducation, la guerre et la politique, la religion 40

À retenir en vue de l'examen **51**
Les extraits essentiels 51
Les citations à connaître 52

Le parcours associé « Rire et Savoir » **55**

Présentation du parcours « Rire et Savoir » **57**
Enjeux et thématiques 57
Genres et auteurs incontournables 59
Lectures cursives en lien avec le parcours 63

Caricature et satire : rire de l'Homme **65**
Introduction : le rire de Démocrite 65
Gloutonnerie et incivilité 66
Vanité et discorde sociale 69
Les caprices de la mode 76

Lecture cursive : Voltaire, *Micromégas* (1752) **81**
Présentation de *Micromégas* 81
Le gigantisme, source du comique 83
Parodie et satire 85
Une « *fadaise philosophique* » 89

Entraînement et corrigés **93**

Dissertation (pour la série générale) **95**
Proposition de sujets 95
Dissertation intégralement rédigée 97

Explications linéaires **109**
Gargantua sur les tours de Notre-Dame (chapitre 17) 109
Le conseil de Picrochole (chapitre 33) 116

Introduction

Gargantua est une œuvre hétérogène, hybride et éminemment complexe : non seulement la langue peut paraître difficile, voire étrangère, au lecteur du XXIe siècle, mais elle s'inscrit dans le champ de la littérature de la Renaissance qui est une littérature de culture, dans laquelle abonde un maximum de références. En outre, certains passages restent encore aujourd'hui incompris, le sens ayant été plaisamment brouillé par Rabelais. Il s'agit par conséquent d'une œuvre ouverte, dont le sens n'a pas été fixé, autorisant dès lors un foisonnement d'interprétations.

L'ambiguïté de l'écriture « gargantuesque » provoque à la fois le plaisir et le déplaisir du lecteur confronté au questionnement incessant : de qui rit-on ? de qui se plaint-on ? quel savoir peut-on tirer de « *ce livre seigneurial* » ? « *Rabelais, tout en nous faisant rire, et en riant lui-même, n'oublie jamais de nous instruire et de nous éduquer* », prévient Gérard Defaux.

Cette monographie, s'efforçant de découvrir la « *substantifique moelle* » de ces « *belles billevesées* », est structurée en trois temps. Le premier consiste à étudier de manière approfondie *Gargantua* ; le deuxième permet de mieux appréhender l'œuvre en proposant des lectures complémentaires dans le cadre du parcours « Rire et Savoir ». Enfin, le dernier se consacre à la préparation des épreuves, écrites et orales, du baccalauréat.

Puissiez-vous éprouver autant de plaisir que nous à (re)découvrir ce chef-d'œuvre, riant et pleurant à la fois, tels Ponocrates et Eudémon au chapitre 20, lesquels « *s'esclaffèrent de rire si profondément, qu'ils crurent en rendre l'âme à Dieu* »…

Toutes les translations en français moderne dans cet ouvrage ont été réalisées par nos soins.

Extrait du *Bulletin officiel*

La littérature d'idées du XVIe siècle au XVIIIe siècle

L'objectif est de permettre aux élèves d'acquérir une **culture humaniste** en faisant dialoguer textes anciens et textes contemporains, afin de donner aux interrogations qui sont les leurs une profondeur et une ampleur nouvelles. La littérature d'idées contribue à forger en eux une mémoire culturelle et à développer leurs capacités de réflexion et leur esprit critique. Les textes d'idées sont étudiés dans leur développement logique et le mouvement de leur argumentation ; une attention particulière est portée aux nuances qu'ils peuvent receler. Le professeur s'attache à mettre en évidence **les liens qui se nouent entre les idées, les formes et le contexte culturel, idéologique et social** dans lequel elles naissent. Cette étude embrasse les champs culturels et de réflexion dont traitent les œuvres et textes étudiés, à la compréhension desquels ils sont nécessaires : littéraire, philosophique, politique, social, esthétique, éthique, scientifique, religieux, etc.

Étude approfondie de l'œuvre

Mise en contexte de l'œuvre

François Rabelais, un homme inscrit dans son temps

Éléments biographiques	Production littéraire et censure
1483 ou 1494 : François Rabelais naît en Touraine, près de Chinon. Son éducation, confiée aux moines de l'abbaye de Seuilly, repose sur les méthodes scolastiques qu'il condamnera ouvertement dans *Gargantua.*	
Les années monastiques (1511-1530) **1511-1518** : Rabelais fait son noviciat au couvent de la Baumette près d'Angers. **1519-1524** : Ayant rejoint les Franciscains de Puy-Saint-Martin à Fontenay-le-Comte, Rabelais étudie le grec et le latin. Mais ses supérieurs confisquent les livres de grec (sur les recommandations de La Sorbonne, alertée par les interprétations personnelles du Nouveau Testament que favorise cette étude). **1525** : Avec l'autorisation du pape, Rabelais quitte l'ordre des Franciscains pour celui des Bénédictins, réputés plus ouverts aux évolutions culturelles.	**1521-1524** : Rabelais fréquente un groupe d'humanistes et entretient une correspondance (en latin et en grec) avec Guillaume Budé. Il traduit en latin le second livre d'Hérodote.

Éléments biographiques	Production littéraire et censure
1528-1530 : Pendant trois ans, Rabelais effectue de nombreux déplacements au sein d'universités (Paris, Toulouse, Bordeaux, Orléans). Il quitte l'ordre des Bénédictins, et prend l'habit de prêtre séculier.	
Études médicales et débuts littéraires **1530** : Rabelais entame des études de médecine à Montpellier, est reçu bachelier la même année et s'installe à Lyon. Il y fréquente l'humaniste et imprimeur Etienne Dolet (que la liberté d'expression conduira au bûcher). **1532** : Il est nommé médecin de l'Hôtel-Dieu de Lyon.	**1532** : Publication de *Pantagruel* (sous le pseudonyme d'Alcofribas Nasier, anagramme de François Rabelais). **1533** : La Sorbonne condamne *Pantagruel* pour obscénité.
Voyages diplomatiques et condamnations **1534** : Rabelais accompagne alors à Rome, en qualité de secrétaire et médecin, le cardinal Jean du Bellay (oncle du poète). **1535-1536** : Lors d'un deuxième voyage à Rome, le pape lui accorde l'absolution pour avoir quitté le froc bénédictin. **1536** : Rabelais passe à Montpellier la licence et le doctorat de médecine. Il devient l'un des premiers médecins du royaume. À partir de 1536, il exerce et enseigne la médecine à Lyon, à Montpellier ou dans le Poitou.	**1534** : Publication de *Gargantua* (sous le pseudonyme d'Alcofribas Nasier).

Éléments biographiques	Production littéraire et censure
1546 (mars) : Il se réfugie à Metz (ville d'Empire), pour échapper à la condamnation formulée par la Sorbonne. **1550** : Calvin traire Rabelais d'« *impie* » et d'« *athée* ».	**1542** : Les éditions définitives de *Pantagruel* et *Gargantua* paraissent à Lyon. Les deux œuvres sont censurées par le Parlement à la demande des théologiens, en même temps que des œuvres d'Érasme, Marot ou Calvin. **1545** : Rabelais obtient un privilège de François 1er pour imprimer librement ses livres pendant dix ans. **1546** : Publication du *Tiers Livre des faits et dits héroïques de Pantagruel*, condamné aussitôt par les théologiens qui l'accusent d'être « *farci d'hérésies* ». **1548-1552** : Publication du *Quart Livre*, censuré par les théologiens (mais Rabelais conserve le soutien des parlementaires). **1550** : Rabelais obtient du roi Henri II un privilège pour la réimpression de ses ouvrages.
1553 : Rabelais meurt à Paris. **1555** : Calvin se livre à une nouvelle attaque contre l'impiété et l'obscénité des ouvrages de Rabelais.	**1562-1564** : Publication posthume du *Cinquième Livre*, dont l'authenticité est sujette à caution.

Le mythe Rabelais

Rabelais a laissé l'image d'un buveur, d'un jouisseur, d'un bon vivant, usant à plaisir du langage vert, cru, comme le révèle l'épitaphe de Ronsard qui montre que Rabelais appartient désormais à la légende culturelle de notre pays :

« Si d'un mort qui pourri repose
Nature engendre quelque chose,
Et si la génération
Se fait de la corruption,
Une vigne prendra naissance
De l'estomac et de la panse
Du bon Rabelais qui boivait
Toujours cependant qu'il vivait [...] ».

Ronsard, *Le Bocage,* 1554

Néanmoins cette image relève du mythe derrière lequel se cache l'humaniste : non seulement Rabelais est savant et cultivé, mais il est engagé dans la lutte intellectuelle de son temps. *Gargantua* est à l'image de son créateur, ou à l'image des Silènes du prologue : derrière la farce se cache le sérieux.

L'œuvre dans son siècle : les contextes littéraires, culturels et politiques

Le cadre politique et culturel

Les premières décennies du XVIe siècle européen sont marquées par la quasi-continuité des guerres. La rivalité qui oppose François 1er et Charles Quint dure depuis 1519, date à laquelle les deux hommes sont candidats à l'élection au trône du Saint-Empire romain germanique, élection remportée par Charles de Habsbourg qui prend le nom de Charles Quint.

Gargantua n'échappe pas à cette dimension essentielle de l'actualité, même si le récit la travestit de manière plus ou moins comique : Charles Quint a servi de modèle au personnage de Picrochole[1], dont l'impérialisme est présenté sous un angle parodique au chapitre 33. Par ailleurs, Rabelais fait des allusions aux opérations militaires impériales : le sac de Rome en 1527 (chapitre 33) ; la lutte de Charles Quint contre les Infidèles (chapitre 33) ; la bataille de Pavie à l'issue de laquelle François 1er est battu par les troupes impériales (chapitre 39).

Dans le domaine culturel, le règne de François 1er est marqué par la faveur d'un monarque que l'on considère comme le grand artisan de la Renaissance française, François 1er se révélant être non seulement un grand bâtisseur, mais aussi un mécène prodigue, protégeant les artistes, les érudits et les poètes. C'est pourquoi les écrivains et poètes lui donnent le titre de « *Père des Lettres* ».

✱ Le cadre littéraire et religieux : l'humanisme

Définition	Au départ, l'humanisme est une **philosophie** qui met l'Homme et les valeurs humaines au-dessus de tout. Puis ce terme désigne le **vaste mouvement intellectuel et littéraire** de la Renaissance qui se caractérise à la fois par une vive admiration pour les cultures grecques et latines et par une foi dans les capacités de connaissance que possède l'Homme. Ce mouvement, né en Italie au XIVe siècle, s'étend progressivement en Europe et s'épanouit au XVIe siècle.
Écrivains représentatifs	• **Érasme**, *Éloge de la folie* (1511) ; • Thomas **More**, *Utopie* (1516) ; • **Rabelais**, *Pantagruel* (1532) ; *Gargantua* (1534) ; • **Montaigne**, *Essais* (entre 1580 et 1588).

1. Ses paroles reprennent la devise « *Plus oultre* », de Charles Quint (chapitre 33) ; au chapitre 50 est convoqué le souvenir des rois catholiques qui châtient ; au chapitre 33 est faite une allusion à la guerre contre l'Islam, que menait alors Charles Quint.

Écrivains représentatifs	S'appuyant sur la sagesse des auteurs antiques, les humanistes, mus par une soif de connaissance, souhaitent bâtir une société différente, désirent atteindre la perfection, que ce soit dans le domaine humain, moral ou artistique. C'est à cette époque que surgissent des universités dans toute l'Europe.
Principaux thèmes	**Religion** : la réflexion humaniste est marquée par l'influence du courant évangélique qui prône la lecture directe des textes bibliques, la prière personnelle et la méditation. L'évangélisme repose sur l'enseignement de Saint Paul, sur l'espérance et la charité. **Politique** : les humanistes opèrent une réflexion sur le rôle du prince et sur la meilleure façon de gouverner. **Paix** : le plaidoyer en faveur du pacifisme va de pair avec le réquisitoire contre la guerre offensive. **Éducation** : de nouvelles méthodes pédagogiques visent au développement de l'esprit critique et à l'extension du champ de connaissances. **Différences culturelles** : les humanistes amorcent une réflexion sur l'altérité.
Écriture souvent argumentative	• L'écrivain humaniste fait référence à la **sagesse des Anciens**. • Il exploite les **procédés didactiques** pour mettre le savoir à la portée du lecteur et recherche une connivence intellectuelle avec ce dernier, usant volontiers de l'ironie, du paradoxe, du double sens, de la polyphonie, pour éviter l'attaque directe. • L'œuvre humaniste est une **réhabilitation de la langue maternelle**[1].

1. Au xve siècle, le latin demeure la langue de culture. Après l'ordonnance de Villers-Cotterêts (1539) qui fait du français la langue officielle, du Bellay publie en 1549 sa *Défense et Illustration de la langue française*. Les écrits de Rabelais sont représentatifs de cette lente évolution vers la langue maternelle : Rabelais ridiculise dans son récit les faux lettrés qui usent d'un latin fossilisé, truffé de références, témoignant de leur incapacité à s'adapter au présent.

Genèse et place de *Gargantua*

✱ Deux livres étranges : Pantagruel et Gargantua

En 1532 Rabelais, prenant le pseudonyme d'Alcofribas Nasier (anagramme de François Rabelais), fait publier à Lyon *Pantagruel*[1]. Le grand succès que connaît cette œuvre mêlant registres farcesque et épique pousse Rabelais à écrire une suite (ou plutôt un début[2]) : l'histoire de Gargantua, le père de Pantagruel. Dans *Gargantua,* Rabelais rectifie un peu le tir : **si le style reste farcesque, le préquel est un livre d'humaniste** : *Gargantua* est une réflexion sur l'éducation, la politique, l'organisation de la société. L'écrivain cherche à la fois un public populaire et savant : il s'agit d'un livre où « *les intentions satiriques et pédagogiques se proclament ouvertement sous le manteau apparemment transparent de la fiction* » selon Gérard Defaux, spécialiste de l'œuvre rabelaisienne, qui analyse Rabelais comme un homme « *certes conscient des dangers que ses propos lui font courir, mais décidé, comme Frère Jean, à agir et payer de sa personne*[3] ».

✱ L'ambiguïté de la prise en charge narrative

Dans *Gargantua,* le narrateur est envahissant et prend un masque comique : « *Maître Alcofribas Nasier* » tient à préciser dès sa signature qu'il est « *abstracteur de quinte essence* », périphrase

1. À la foire d'août 1532 sont publiées les *Grandes et Inestimables Chroniques du grand et énorme géant Gargantua* (auteur anonyme) qui auraient donné l'impulsion initiale. Rabelais reprend à cette œuvre plusieurs épisodes, comme la jument qui abat les forêts, la visite du géant à Paris et l'enlèvement des cloches de Notre-Dame. Il emprunte également les noms de certains protagonistes : Grandgousier, Galemelle (transformé en Gargamelle), et Gargantua. Mais ce n'est pas cet auteur anonyme qui a inventé la légende de Gargantua, dont on trouve des traces avant le XVIe siècle : à la fin du Moyen Âge, le personnage est présent dans le folklore, caractérisé à la fois par une stature exceptionnelle, une humeur débonnaire et un appétit féroce.
2. *Gargantua* est donc le préquel de *Pantagruel.*
3. Gérard Defaux, Préface de *Gargantua*, 1994.

désignant l'alchimiste[1]. Néanmoins, aucune confusion n'est possible entre l'auteur et le narrateur : Rabelais a tenu à garder ses distances à l'égard de sa création, véritable pantin qu'il manipule avec humour. Alcofribas n'est pas Rabelais : il est le sot et le badin choisi pour mener le jeu et donner à l'œuvre une atmosphère comique. Certes, Alcofribas partage les amours et les haines de son créateur, mais l'identité entre le narrateur et l'auteur s'arrête là. **Alcofribas est le masque, Rabelais est le visage** ; c'est ce qu'explique Gérard Defaux : « *Alcofribas est le masque comique dont Rabelais s'affuble pour démasquer le mal et l'exposer au ridicule.* » Rabelais est à la fois un écrivain engagé et un artiste ; il revendique la culture humaniste et l'habille de culture populaire ; il fait l'alliance entre la culture chrétienne et la culture païenne.

Publication et réception de l'œuvre

Gargantua est publié en 1534 ou 1535 à Lyon[2] ; il est réédité plusieurs fois jusqu'à l'édition définitive de 1542.

Jusqu'au XIXe siècle, malgré son immense succès, le roman est perçu comme une **œuvre délurée**. Nous pouvons relever par exemple le jugement négatif que La Bruyère, dans *Les Caractères* (1688), a porté sur une œuvre inconciliable avec les normes du goût classique : « *Rabelais* [...] *est incompréhensible : son livre est une énigme, quoi qu'on veuille dire, inexplicable ; c'est une chimère, c'est le visage d'une belle femme avec des pieds et une queue de serpent, ou de quelque autre bête plus difforme ; c'est un monstrueux assemblage d'une morale fine et ingénieuse et d'une sale corruption.* »

1. Il tient d'ailleurs à s'inscrire dans son texte : au chapitre 8 il est question d'un certain Alcofribas, qui crée les anneaux de Gargantua.
2. On ne possède qu'un exemplaire de la première édition, mais il manque la page du titre, ce qui rend la date incertaine.

À partir de la seconde moitié du XIXe[1] et durant le XXe siècle, la recherche universitaire prend son essor, et les analyses du texte rabelaisien commencent à rattacher les récits aux contextes politiques, culturels et religieux du XVIe siècle. C'est ainsi qu'Abel Lefranc, dans son *Rabelais* (1953), réhabilite à son tour l'écrivain : « *Sous l'*"éclat de rire énorme" *du grand satirique se dissimulent les visées les plus audacieuses. Le masque de la folie n'est qu'un moyen dont il a usé pour lancer à travers le monde les vérités et les négations qu'il était impossible de faire entendre autrement.* »

Dès le XXe siècle, la critique commence à considérer Rabelais comme le représentant d'une culture populaire et d'un monde ravagé. Le livre du critique russe Mikhaïl Bakhtine[2] marque une nouvelle étape dans l'analyse. Le critique s'attache à replacer l'œuvre de Rabelais dans la **culture populaire** – plus particulièrement dans les fêtes carnavalesques médiévales –, à laquelle elle emprunte bon nombre de ses thèmes et de ses images. Bakhtine parle du « *réalisme grotesque* » chez Rabelais, comme « *l'héritage de la culture comique populaire* ».

Depuis les années 1970, beaucoup d'analyses mettent l'accent sur la modernité de l'œuvre rabelaisienne, montrant qu'il s'agit d'une **œuvre ouverte**, propre à un questionnement toujours relancé : « *Son langage continue à nous étonner, à nous fasciner. Cette œuvre, longtemps considérée comme une mine de renseignements plus ou moins camouflés, affirme sa résistance au déchiffrement. Elle défie les recensements, les commentaires analytiques et les interprétations parcellaires* » estime François Rigolot[3].

1. Selon Victor Hugo, « son éclat de rire énorme "*Est un des gouffres de l'esprit !*" » (*Les Contemplations*, « Les Mages », VI, 23, 1856).
2. Mikhaïl Bakhtine, *L'œuvre de François Rabelais et la culture populaire au Moyen Âge et sous la Renaissance*, 1970.
3. François Rigolot, *Les Langages de Rabelais*, 1972.

Les enjeux de l'œuvre

Le prologue

Dès le prologue, celui qui prétend en être l'auteur met en garde son lecteur et l'invite à une **lecture herméneutique**. Selon lui, il ne faut pas seulement prendre les aventures qui suivent comme un tissu de plaisanteries, mais il est nécessaire de « *soigneusement peser ce qui y est montré* » car « *l'habit ne fait point le moine* ». Le premier enseignement que le prologue nous délivre porte donc sur les apparences dont il faut se méfier : Rabelais invite à plusieurs niveaux de lecture et choisit diverses comparaisons illustrant la dichotomie inhérente à l'œuvre. Tout d'abord, il exploite la métaphore des Silènes, qui sont des boîtes peintes avec des figures grotesques, mais à l'intérieur desquelles se trouvent des drogues capables de guérir. Socrate est quant à lui un personnage « *laid de corps et ridicule en son maintien* », « *toujours riant* », « *toujours se moquant* », mais d'une sagesse exemplaire – « *toujours dissimulant son divin savoir* ».

Ce prologue expose le **dilemme** auquel est confronté tout lecteur interprète, entre **lecture allégorique** et **recherche de l'intention** de l'auteur. S'il est futile de se limiter à la surface du texte, il est nécessaire de procéder à une analyse rigoureuse et attentive. De la même manière que le chien mentionné au Livre II de *La République* de Platon, qui tombe sur un os, le brise et en suce la moelle, le lecteur doit découvrir le sens caché de l'œuvre, au-delà de la fantaisie affichée. Le but de la lecture est de devenir vertueux. Rabelais, par le biais d'Alcofribas Nasier, nous donne des indices de lecture concernant ce sens caché : se cache une réflexion politique, philosophique, religieuse, sous des apparences fantaisistes.

Pourtant, après nous avoir invités à une lecture herméneutique, il semble nous en dissuader, remettant en cause les interprétations qui ont forcé le sens des œuvres d'Homère ou d'Ovide. L'« auteur » avoue avoir écrit ce livre en buvant et en mangeant… Son œuvre sent moins l'huile de la lampe, métaphore du labeur, que le vin. Il revendique la nonchalance comme principe même de l'écriture : son livre est à la fois une œuvre grande – un « *livre seigneurial* » – et pleine de bêtises.

Ces premières pages nouent donc un **pacte de lecture** : l'« auteur » demande à son lecteur, dont il se moque[1] mais qu'il flatte en même temps, de ne pas se limiter au sens littéral du texte. Au contraire, le lecteur, tel le chien évoqué par Platon, doit « *rompre l'os et sucer la substantifique moelle* » : « *Si vous l'avez vu, vous avez pu noter avec quelle dévotion il guette son os, avec quel soin il le garde, avec quelle ferveur il le tient, avec quelle prudence il l'entame, avec quelle affection il le brise, avec quel zèle il le suce.* »

Dans son écriture même, le prologue se plaît à associer le vocabulaire savant (voire pédant), médical, ludique (grâce à l'accumulation ou la stylistique énumérative) : cette association annonce le mélange des styles dans le livre lui-même. D'autres effets d'annonce sont notables : l' « auteur » revendique l'utilisation des registres héroïcomique[2] et burlesque[3] et proclame **les trois mots-clefs : boire, manger, rire.**

Ainsi, ce prologue rend compte de la philosophie du « Vivez joyeux[4] » – « *Maintenant réjouissez-vous mes amours, et lisez*

1. « *Buveurs très illustres* », « *vérolés très précieux* » ; « *mes bons disciples* », « *mes amours* ».
2. Héroïcomique (registre) : l'écrivain adopte un ton sérieux pour parler d'un sujet prosaïque.
3. Burlesque (registre) : l'écrivain adopte un ton plaisant pour parler d'un sujet sérieux.
4. Le précepte évangélique « *Vivez joyeux* » apparaît à la fin du dizain liminaire, en lettres capitales.

gaiement le reste pour le plaisir du corps et au profit des reins ! » –, philosophie au centre de l'avis « Aux lecteurs » :

> « Il vaut mieux traiter du rire que des larmes,
> Parce que le rire est le propre de l'homme[1]. »

Résumé et analyse suivie : une composition linéaire qui adopte la structure du roman de chevalerie

L'histoire se déroule en Touraine (ou du moins dans une Touraine transformée en royaume par l'imagination de Rabelais) et à Paris, aux XVe et XVIe siècles[2]. La narration, prise en charge par Alcofribas Nasier, oscille entre une composition linéaire, avec une progression chronologique de l'intrigue, et une composition plus désinvolte, intégrant de nombreuses digressions.

1. L'enfance de Gargantua

▸ Chapitres 1 à 13

• Chapitres 1 et 2 : mise en pratique du prologue

Au lecteur est offerte l'occasion d'expérimenter l'exercice de l'os à moelle. La généalogie de Gargantua est enfin trouvée après un dur effort[3] , mais le lecteur n'en sait pas plus puisque le narrateur lui conseille d'aller consulter cette généalogie dans *Pantagruel.* Le chapitre 2 traite d'une énigme et fait appel à une lecture herméneutique : les allusions aux guerres contemporaines tendent à faire de ce chapitre une dissertation politique. Malgré tout, ce texte, parodique, burlesque et héroïcomique, reste obscur.

---

1. Sentence d'Aristote (*De partibus animalium,* X, 9).
2. Il est fait référence à la bataille de Pavie en 1525, dans le chapitre 39 ; à la fin du chapitre 14 nous est donnée la date de la mort du premier précepteur de Gargantua : « *c'était en l'an mil quatre cent vingt* ».
3. Noter à ce titre la structure en inclusion (dans le chapitre 1) : la généalogie est trouvée « *dans un pré* » dans lequel se trouve « *un grand tombeau* » qui contient « *neuf flacons* », dont celui du milieu renferme « *un gros, gras, grand, gris, joli, petit, moisi livret* ».

• **Chapitres 3 à 6 : une « *étrange nativité* »**

Gargantua est d'emblée présenté comme s'inscrivant, non sans comique, dans la lignée des héros de la mythologie. Il naît au bout de onze mois[1] par l'oreille de sa mère, à l'occasion d'un banquet énorme ; ses premiers mots sont « *À boire ! à boire ! à boire !* ». Ces chapitres font preuve d'une certaine **jubilation verbale** : Rabelais se fait lexicalement plaisir, mêlant avec beaucoup de complaisance le lexique religieux à celui de la beuverie, mais porte aussi un regard critique sur ce banquet orgiaque, répugnant. La nourriture permet de créer un idéal, car on assiste à la libération du corps de la faim ; mais elle ne doit pas donner lieu à des excès, sinon les personnages risquent de glisser vers l'*hybris* contre laquelle ils doivent toujours se prévaloir.

• **Chapitre 7 : le premier portrait de Gargantua**

Le chapitre débute par une parenthèse onomastique : « Gargantua » est un prénom forgé sur les premiers mots de Grandgousier étonné par la force des cris du nouveau-né : « *Que grand tu as !* ». Le « nourrisson » a besoin de dix-sept mille neuf cent treize vaches pour l'allaiter. Puis le narrateur fait le premier portrait du héros éponyme : Rabelais dans ce passage met en valeur le corps et les sens dans un **style héroïcomique qui se joue des stéréotypes des enfances médiévales**. Ainsi, l'enfant est placé sur le conseil des médecins dans « *une belle charrette à bœufs* » : ce lieu diffamant[2] devient un lieu exceptionnel pour un bébé. Rabelais se moque des inventions – au centre des préoccupations du XVIe siècle –, en donnant un père, « *Jean Denyau* », à une invention triviale. Le lexique semble mélioratif, mais chez Rabelais, il faut toujours se méfier des adjectifs « *bon* », « *beau* », « *grand* », qui marquent souvent l'ironie de l'écrivain. Le portrait physique se concentre sur les mentons et les fesses du héros et laisse place à une présentation héroïcomique de la colique : « *il était merveilleusement flegmatique des fesses* ». Au style noble

1. Dans un registre héroïcomique est développée la théorie des onze mois de grossesse, bien pratique dans le cas d'une naissance illégitime.
2. Le thème de la charrette est récurrent au Moyen Âge, mais il appartient au motif du déshonneur (la charrette transporte des condamnés, comme Tristan ou Lancelot).

(« *merveilleusement* ») s'associent le lexique médical (« *flegmatique* ») et le lexique trivial (« *des fesses* ») : cette pratique témoigne du **goût rabelaisien pour la scatologie**[1]. Quoi qu'il en soit, le héros est présenté dans un contexte de bonne humeur : cette joie passe par l'absence de toute contrainte et par l'accord avec la nature ; il s'agit ici de faire l'éloge du corps et de sa libération. L'enfant devient un homme-instrument, « *pianotant des doigts et barytonnant du cul* », le bruit permettant d'accéder à la joie. Le chapitre s'achève donc sur une célébration des sens : satisfaire ses sens par le vin permet d'aboutir à une certaine forme de béatitude.

- **Chapitres 8 à 10 : la livrée de Gargantua**

Le chapitre 8 s'attache à décrire les habits de Gargantua, avec une insistance sur la braguette – dans la logique scatologique –, puis laisse place à une prose argumentative portant sur la symbolique des couleurs (aux chapitres 9 et 10). Là encore, Alcofribas cultive l'art du paradoxe : la symbolique des couleurs est discutable et doit être remise en cause. Au chapitre 9, il prend le masque du critique littéraire et artistique pour réfléchir au statut de **l'arbitraire du symbole** : il fustige un livre, selon lui minable, intitulé *Le Blason des couleurs*. Pourtant, au chapitre suivant, rien ne l'empêche de donner une symbolique personnelle des couleurs[2] : dans un discours pseudo-argumentatif, il justifie cette chose arbitraire comme étant de bon droit. Quoi qu'il en soit, Rabelais met en garde contre la symbolique excessive et condamne la pratique de l'héraldique : l'herméneutique reste toujours une pratique dangereuse et risquée.

- **Chapitres 11 à 13 : les exploits de l'adolescent**

Après cette digression, le chapitre 11 revient à la narration pour célébrer les premiers exploits de Gargantua. Néanmoins, ce dernier est bien loin du héros de la chanson de geste : non seulement il a entre trois et cinq ans mais **son éducation est régressive, car elle est faite par le bas corporel**, contrairement à l'éducation de l'époque. Ainsi, les maîtres-mots de l'enfance sont boire,

1. Écrits ou propos grossiers qui traitent des excréments et du bas corporel.
2. « *Je dirai en un mot que le bleu signifie certainement le ciel et les choses célestes, selon les mêmes symboles que le blanc signifie joie et plaisir.* »

manger, dormir. De plus, le personnage s'éduque par lui-même en prenant progressivement conscience de son corps. Charmant enfant, qui ne se lave pas les mains avant de se mettre à table, mais se les rince dans sa soupe, passe son temps à vomir partout, prie sans songer à sa prière, grommelle des mots indistincts, et est éduqué sexuellement par ses gouvernantes… Dans ce passage délibérément comique, le vocabulaire scatologique (avec notamment le blason du sexe) se mêle au vocabulaire animal : le jeune enfant, cédant à ses pulsions, n'est-il pas plus proche ici de l'animal que de l'homme ?

Le jeune héros fait non seulement la découverte de son corps, mais il apprend à manier le langage d'une manière tantôt ludique et vantarde (au chapitre 12, il berne les amis de son père en quête des écuries et les mène dans sa propre chambre), tantôt construite et persuasive (au chapitre 13, il révèle sa prouesse verbale avec la litanie héroïcomique des torcheculs). Rabelais souligne plaisamment que **l'enfant abandonné à ses instincts fait spontanément tout ce que condamne la sagesse des nations**. Ses exploits sont certes parodiques, mais permettent à l'écrivain de célébrer la puissance du langage grâce à une certaine forme de **lyrisme de l'obscénité**. Les objets triviaux que sont les torcheculs sont élevés à un statut supérieur, puisqu'ils sont dignes d'intérêt pour Grandgousier.

Dans cette première partie se concentrant sur l'enfance de Gargantua, Rabelais insiste donc sur la JOIE qui est le thème dominant de l'œuvre. Tout passe par la joie : Gargantua lui-même est vêtu de bleu et blanc : le héros représente ainsi la « *joie céleste* ». Les derniers chapitres de cette partie, portant sur la connaissance, font la transition avec la deuxième partie de l'œuvre : l'éducation.

2. L'éducation de Gargantua

▶ Chapitres 14 à 24

• Chapitres 14 et 15 : l'échec de l'éducation des précepteurs sophistes[1]

Grandgousier, saisi d'admiration devant le génie du jeune prodige, décide de confier l'éducation de son fils à « *un grand docteur sophiste, nommé Maître Thubal Holoferne* ». Gargantua apprend son alphabet en cinq ans et trois mois ; il lit des ouvrages de grammaire et de vocabulaire pendant treize ans, six mois et deux semaines et commence l'apprentissage de l'écriture gothique. Il apprend ensuite par cœur un autre ouvrage de grammaire latine avec des commentaires, en dix-huit ans et onze mois, puis un calendrier populaire, l'*Almanach*, en seize ans et deux mois. Après la mort de son précepteur, en 1420, un « *vieux tousseux, nommé Maître Jobelin Bridé* » lui lit une série de manuels scolaires, traités de sémantique, de rhétorique, d'éthique, et autres ouvrages « *de semblable farine* ». Cette longue éducation, basée sur un **enseignement entièrement livresque**, fait appel à la **mémoire mécanique** et n'a aucun rapport avec la connaissance du monde. Grandgousier, constatant que son fils ne progressait en rien, « *et que, pire, en devenait fou, niais, tout rêveur et radoteur* », s'en plaint à son ami Dom Philippe des Marais.

Ce dernier fait alors venir son jeune page, Eudémon, personnage métonymique d'un **idéal érasmien[2] humaniste** qui passe par la **maîtrise de la rhétorique cicéronienne**, en opposition au mutisme de Gargantua. Ce jeune gentilhomme, valorisé par la comparaison à un « *petit angelot* », est présenté comme la démonstration d'un nouveau mode d'éducation ; son discours, empreint de la rhétorique cicéronienne, est un discours épidictique et éloquent. Le jeune Eudémon, élève des humanistes, n'a mis que deux ans pour assimiler parfaitement les principes de la rhétorique antique et

1. Un sophiste est un maître de rhétorique, enseignant la sagesse et l'art de parler en public. Cependant, visant davantage à l'efficacité persuasive qu'à l'énonciation d'une vérité, la sophistique connut de nombreux détracteurs, tel que Rabelais.
2. Érasme, moine et intellectuel majeur de l'époque, publie en 1530 un traité sur l'Éducation : *La Civilité puérile*.

des bonnes manières en usage dans une société aristocratique. La réaction du père et du fils ne se fait pas attendre. Gargantua, conscient de sa niaiserie, se met « *à pleurer comme une vache* » – or les pleurs sont contraires à la joie prônée par l'éducation humaniste – ; Grandgousier quant à lui, pris de colère, décide alors de renoncer totalement à l'éducation des sophistes et envoie son fils à Paris, sous la direction du pédagogue d'Eudémon, Ponocrates – dont le nom signifie « le travailleur ».

- **Chapitres 16 à 20 : le voyage à Paris et l'épisode des cloches**

Au cœur même de l'éducation, ces chapitres constituent un **passage de pure comédie**. Rabelais, homme érudit, joue sur ses connaissances et se plaît à inventer des étymologies fantaisistes : selon Alcofribas, les toponymes « La Beauce » et « Paris » viendraient des exclamations de Gargantua[1] ; il se plaît à user d'un pseudo-argument d'autorité, citant Joaninus de Barranco – auteur fictif – pour qui le mot « Parisiens » viendrait du grec *Parrhésiens* signifiant « *fiers en parler* ».

L'épisode des cloches (chapitres 17 à 20) marque une pause dans la narration : Gargantua, assis en haut des tours de Notre-Dame, urine sur les Parisiens, provoquant la noyade d'un certain nombre, puis emporte les cloches avec lui car « *il lui vint à l'esprit qu'elles serviraient bien de clochettes au cou de sa jument* ». S'ensuit la harangue burlesque de Maître Janotus de Bragmardo lui enjoignant de rendre les cloches. Dans ces chapitres, Rabelais atteint la perfection comique. Mais **le rire lui permet d'exprimer sa pensée par rapport à son époque** : cet épisode est marqué par l'ambivalence de l'être et du paraître. On a en effet une structure à deux niveaux : la farce, la légèreté, le monde des géants ; la satire cachée sous le rire. Cet épisode héroïcomique met en scène un combat carnavalesque entre le géant évangélique et le géant

1. « *Ce que voyant, Gargantua y prit un bien grand plaisir,* sans s'en vanter *davantage. Et il dit à ses gens : "Je trouve beau ce" : depuis, on appelle ce pays la Beauce.* » (Chapitre 16)
« *"Je vais leur payer à boire. Mais ce ne sera que par ris."* [...] *Depuis, la ville fut nommée Paris.* » (Chapitre 17)

sorbonnien. La satire des Parisiens – et plus précisément de la Sorbonne – est virulente, ces derniers étant présentés comme des impies, des orgueilleux et des vaniteux.

- **Chapitres 21 à 24 : Sorbonnagres contre Humanistes**

Un diptyque soigneusement construit oppose l'éducation des précepteurs sophistes (chapitres 14, 21 et 22) et celle du précepteur humaniste (chapitres 23 et 24), qui fait échapper l'élève à l'inculture asociale où il menaçait de sombrer. Le chapitre 23 est une réécriture des chapitres 21 et 22[1], mais en changeant de point de vue. Ces deux modes d'éducation constituent un **diptyque à valeur polémique.** Entre les deux, Ponocrates fait appel à un médecin qui purge le cerveau de son élève : « *Il le purgea canoniquement* » pour le nettoyer de « *toute corruption et de toute perverse habitude.* »

	Ch. 21-22 : Éducation sophiste	Ch. 23 : Éducation faite par Ponocrates
Lever	Gargantua se réveille entre huit et neuf heures.	Gargantua se lève vers quatre heures du matin. Dès son réveil lui sont lues les saintes Écritures ; s'ensuit un temps de prière.
Habillement, besoins naturels	Gargantua se distingue par son comportement bestial. Il ne se lave pas, méprise l'hygiène ; ses besoins naturels sont décrits grâce à l'accumulation de termes scatologiques.	Après s'être lavé, Gargantua va « *aux lieux secrets faire excrétion des digestions naturelles.* » Le langage est pudique et révèle la bonne hygiène de vie à laquelle s'adonne à présent Gargantua.
Déjeuner	Son déjeuner est caractérisé par la goinfrerie et la surenchère de mets.	Ø

1. Dans la précédente édition, ces deux chapitres sont regroupés.

	Ch. 21-22 : Éducation sophiste	Ch. 23 : Éducation faite par Ponocrates
Église	Gargantua assiste à une trentaine de messes. Sa dévotion est formaliste et mécanique ; ses prières sont bâclées (« *un tas de chapelets* » ; « *Il marmonnait avec lui toutes ces Kyrielles* »).	Ø
Étude	Il étudie pendant « *quelque méchante demi-heure* » mais « *son âme était à la cuisine* ».	Gargantua étudie pendant trois heures. L'enseignement repose sur un idéal d'harmonie qui permet de concilier exercice corporel et exercice spirituel.
Besoins naturels	À nouveau, les besoins naturels de Gargantua sont évoqués : « *Pissant donc en plein urinoir* ».	Ø Gargantua se lave et se promène doucement.
Déjeuner	Là encore, Gargantua se goinfre de « *quelques douzaines de jambons* » ; on lui jette des pelletées de moutarde dans la bouche ; il ne connaît aucune limite en matière de boisson. Pour finir, il se lave les mains avec du vin.	Le déjeuner donne l'occasion d'écouter une lecture ou d'ébaucher une discussion intellectuelle. Ils se lavent avant et après le repas, lequel est simple et équilibré. À l'issue du déjeuner, tous rendent grâce à Dieu avec élégance et sincérité.
Jeux	Le chapitre 22 expose, dans une litanie, deux cents jeux grotesques auxquels s'adonne l'élève.	Le savoir encyclopédique au cœur de l'éducation humaniste de Ponocrates se fait aussi grâce aux jeux de cartes, par le biais desquels Gargantua apprend l'arithmétique. L'élève se divertit en faisant « *de joyeux instruments et figures géométriques* », en apprenant l'astronomie ou la musique.

	Ch. 21-22 : Éducation sophiste	Ch. 23 : Éducation faite par Ponocrates
Sieste	Après avoir bu avec ses compagnons quarante-quatre litres de vin, Gargantua dort pendant deux ou trois heures, puis se remet à boire dès son réveil.	Ø
Étude	Gargantua se met à étudier « *quelque peu* » et expédie ses prières. Il s'intéresse davantage aux mets cuisinés pour le souper.	L'élève se remet à l'étude pendant trois heures ou plus. Il apprend l'art de la chevalerie – il sera un jour roi et chef militaire. Ponocrates insiste sur l'importance des leçons de choses et son enseignement repose sur la connaissance de la vie pratique.
Souper	Il convie ses voisins pour boire et jouer avec eux, quand ils ne vont pas voir les filles des alentours après le souper.	Le souper est « *sobre et frugal* » ; les discussions intellectuelles animent le repas. Les divertissements tels que la musique, les cartes, les dés, ou l'observation des astres ponctuent la soirée.
Coucher	« *Puis il dormait sans débrider jusqu'au lendemain huit heures.* »	Après des prières sincères, « *ils entraient en repos.* »

3. La chevalerie et les péripéties guerrières

▸ Chapitres 25 à 51

Dans les chapitres 25 à 51 consacrés à la guerre picrocholine, Rabelais exprime l'essentiel de ses idées au sujet de la paix et des conflits guerriers.

- **Chapitres 25 à 27 : causes et début du conflit**

Pendant que Gargantua poursuit ses études à Paris sous l'égide de Ponocrates, un incident se produit entre les fouaciers de Lerné et les bergers du pays de Gargantua. Non seulement les premiers refusent de donner aux seconds des fouaces, mais ils se mettent à les insulter ; s'ensuit une « *grande querelle* », à l'issue de laquelle les fouaciers, en mauvaise posture, rentrent chez eux et se plaignent auprès de leur roi Picrochole[1]. L'ambitieux, colérique, irritable et irréfléchi roi saisit ce prétexte pour se mettre en campagne, « *sans ordre ni mesure* », dans « *un désordre incomparable* ». Son armée, constituée de pillards indisciplinés, détruit tout sur son passage et n'épargne personne.

Arrivés à Seuilly, les soldats de Picrochole se dirigent vers l'abbaye, qu'ils trouvent close et murée, et se mettent à dévaster toute la vendange. C'est alors qu'**entre en scène Frère Jean des Entommeures**, « *un vrai moine s'il en fut jamais depuis que le monde moinant moina de moinerie* », heureux de se battre et de déployer toute son énergie pour une noble cause – sauver la vendange et le « *service du vin* » –, jurant et se servant du bâton de la Croix pour mettre en déroute les pillards. Ce chapitre 27, parodiant le style épique, nous fait entendre à la fois la psalmodie des moines et les hurlements des guerriers.

- **Chapitres 28 et 29 : portrait d'un roi pacifiste**

Face à l'excitation belliqueuse de Picrochole et de son armée, Grandgousier, quoiqu'au départ réticent, décide d'entrer en guerre contre Picrochole pour « *secourir et protéger* [s]*es pauvres sujets* ». Il écrit donc une lettre à son fils le 20 septembre, soit au début de la guerre picrocholine. Cette lettre marque une courte pause dans le récit guerrier. Après le style oral de tout le début de la guerre, nous voilà dans une nouvelle forme de style : le langage écrit, grave, solennel. Cette lettre offre le **portrait d'un roi et d'un père humaniste** ; Grandgousier fait valoir le lien entre l'éducation d'un enfant et l'éducation d'un prince, qui doit protéger ses sujets. Dénonçant la guerre non justifiée d'un roi impérialiste, personnage de l'excès, n'agissant que par pulsion guerrière, il blâme la conduite du

---

1. Ce nom signifie « le bilieux », « le colérique ».

roi impie qu'est son adversaire. Par contraste, il dresse son autoportrait de **roi pacifique** ; n'agissant que selon son devoir, faisant preuve de mesure, il se présente aussi comme un roi très croyant, qui considère avoir une mission : ramener Picrochole dans le droit chemin. Sa lettre se conclut sur une exhortation au retour : cette guerre défensive est nécessaire car elle doit sauver les âmes et rendre joyeux.

- **Chapitres 30 à 33 : échec des négociations et entrée en guerre**

Avant de réagir par la force, Grandgousier envoie Gallet auprès de Picrochole pour lui demander de quitter les lieux, en vain. Menant une enquête sur les origines du conflit, le roi débonnaire veut « *acheter la paix* » et décide de dédommager largement Picrochole, lui offrant cinq charretées de fouaces (contre cinq douzaines qui avaient été prises par les bergers). Mais Picrochole, mal conseillé par Toucquedillon, confisque ces gages de paix et confirme son désir impérialiste, se mettant à rêver sur l'empire digne d'Alexandre qu'il va constituer. Pure scène de comédie, le chapitre 33 dresse le portrait d'un roi **belliqueux, ambitieux et orgueilleux**, mais qui n'est que le pantin entre les mains de ses conseillers obséquieux.

- **Chapitres 34 à 41 : le retour de Gargantua**

Gargantua, en compagnie de Ponocrates, Gymnaste (son écuyer) et Eudémon, quitte Paris. Partis en reconnaissance pour s'informer de la situation des ennemis, Gymnaste et l'écuyer Prelinguand rencontrent les ennemis éparpillés et en désordre, conduits par le capitaine Tripet. Gymnaste se donne en spectacle, multiplie les prouesses acrobatiques sur son cheval et parvient à se faire passer pour un diable déguisé. Apeuré et affaibli, l'ennemi est rapidement vaincu.

Informé par Gymnaste de l'ignorance des ennemis concernant la discipline militaire, Gargantua, prenant un arbre en guise de bourdon et de lance, se remet en route. En urinant, sa jument provoque un véritable déluge et par là, la noyade de nombreux ennemis. Grâce à son arbre, il démolit le château du gué de Vède, après avoir reçu des boulets de canon qu'il prend tantôt pour des grains de raisin, tantôt pour des mouches.

À l'arrivée de Gargantua au château de Grandgousier est organisée une fête à l'occasion de laquelle Gargamelle meurt de joie[1]. Le retour de Gargantua marque une pause dans la narration des exploits guerriers, **l'écrivain redonnant vie au gigantisme** : au chapitre 37, Gargantua confond boulets de canon et poux ; au chapitre 38, Rabelais joue la carte du géant traditionnel, du personnage effrayant qui mange non plus les petits enfants, mais les adultes...[2]

Derrière le rire se cache la satire, le narrateur parsemant son récit de **remarques acerbes concernant l'éducation** (en critiquant le collège de Montaigu[3]), **la religion** (en critiquant les pèlerinages, les superstitions religieuses avec l'épisode des pèlerins au chapitre 38), ou **la vie monacale.**

Les chapitres 39 à 42 donnent une place centrale à Frère Jean, lequel revendique son refus d'étudier, jure en permanence « *pour orner* [s]*on langage* ». Buveur invétéré, volontiers paillard, le moine plaisante sur la fraîcheur des cuisses des demoiselles ou explique de façon grivoise l'origine de son nez proéminent[4]. Frère Jean est ripailleur, bon vivant, tonitruant : il s'agit d'une **parodie de moine**, dont les prières endorment Gargantua au chapitre 41.

- **Chapitres 42 à 47 : reprise des hostilités**

Encourageant ses compagnons d'armes, Frère Jean, se servant du bâton de la Croix non pour convertir mais pour massacrer, passe sous un noyer et y reste accroché jusqu'à ce que Gymnaste le décroche de l'arbre. Ce comique de situation, s'il contamine les chapitres suivants, s'estompe néanmoins lorsque Frère Jean,

---

1. À ce propos, le narrateur est assez misogyne : « *Je n'en sais rien pour ma part et je ne me soucie bien peu ni d'elle ni d'une autre.* » (Chapitre 37)
2. Dans *Pantagruel*, le narrateur Alcofribas voyage lui aussi dans la bouche du géant éponyme.
3. Érasme avait été écolier à Montaigu, et avait critiqué la crasse et la « *pouillerie* » du lieu dans ses *Colloques* (1522). La discipline y était très sévère. On retrouve ces deux caractéristiques au chapitre 37.
4. « [...] *selon la vraie philosophie monastique, c'est parce que ma nourrice avait les tétons mollets : en la tétant, mon nez s'y enfonçait comme dans du beurre* ».

terrorisant l'armée picrocholine, pourtant aspergée d'eau bénite, s'adonne à des combats cruels et sans merci, malgré l'attitude débonnaire de Gargantua qui refuse d'acculer son ennemi au désespoir.

Prisonnier, Frère Jean tue ses gardes, reprend le combat de plus belle, jubilant presque face au carnage – décrit grâce au vocabulaire anatomique cher à Rabelais –, emprisonne Toucquedillon et revient chez Grandgousier en compagnie de cinq pèlerins, otages de Picrochole. Pendant le banquet, Gargantua interroge ces derniers, critique leur crédulité et les encourage à délaisser le culte des saints, avant de les laisser poursuivre leur chemin, convaincus.

Toucquedillon quant à lui, libéré par Grandgousier qui se montre indulgent et tient au prisonnier un discours anti-belliqueux et humaniste, conseille à Picrochole de conclure un arrangement avec Grandgousier. Après avoir tué Hastiveau qui l'accuse de traîtrise, il est mis en pièces sur l'ordre de Picrochole.

- **Chapitres 48 à 51 : fin de la guerre picrocholine**

L'armée menée par Gargantua assiège le château de La-Roche-Clermault, ce qui permet au narrateur d'établir un contraste saisissant, voire caricatural, entre les deux armées. Rapidement, l'armée ennemie, désorganisée, est mise en déroute par l'armée puissante et organisée de Gargantua. Comprenant que la défaite sera inéluctable, Picrochole s'enfuit – et disparaît définitivement du récit. Gargantua de son côté, prince débonnaire, recense les rescapés, leur offre un repas et leur tient une harangue dans laquelle transparaissent sa générosité, sa mansuétude et son amitié. Il leur pardonne, les délivre et leur verse trois mois de solde, mais leur demande de lui livrer les fauteurs du trouble initial et les mauvais conseillers du roi. Quant aux vainqueurs, ils sont largement récompensés ; Grandgousier organise un festin grandiose pour célébrer la victoire et offre terres et privilèges aux plus vaillants.

4. L'abbaye de Thélème[1]

▶ Chapitres 52 à 58

Ces derniers chapitres reprennent l'étape ultime de la vie du chevalier qui, après avoir guerroyé, se retire dans une abbaye pour devenir un bon moine.

À l'issue du banquet, Gargantua offre à frère Jean la possibilité de « *fonder une abbaye à* [s]*on idée* ». Après quatre chapitres consacrés à l'architecture de l'abbaye (chapitres 52 à 55), le chapitre 56 se concentre sur les costumes des Thélémites, tandis que le chapitre 57 dévoile leur mode de vie. Vivant libres et heureux, tant épanouis sur le plan individuel que sur le plan collectif, les Thélémites ont pour règle « *Fais ce que voudras*[2] » et ne connaissent pas la notion d'individualisme. Cette abbaye s'apparente à une **utopie**[3] **humaniste**, derrière laquelle se cache néanmoins une critique sociale : il s'agit d'une société élitiste – seuls les nobles sont admis –, refusant toute vie spirituelle – Dieu est absent de la vie des Thélémites. Leur prétendue liberté est démentie par l'impératif « *Fais ce que voudras* »...

Enfin, le dernier chapitre assure la circularité du roman, avec l'énigme trouvée en creusant les fondations de l'abbaye et partiellement empruntée au poète Mellin de Saint-Gelais. Gargantua en fait une lecture allégorique et lui donne une interprétation évangélique, interprétation aussitôt démentie par son compagnon selon lequel il s'agit tout simplement de la description du jeu de paume. L'adresse finale de Frère Jean renvoie donc au prologue et à la

1. Du grec θέλημα : « volonté ».
2. La devise est la parodie du célèbre précepte de Saint Augustin : « *Aime* [crains] *Dieu, et fais ce que tu veux.* »
3. Thomas More invente le mot « utopie » à partir de mots grecs en jouant sur la polysémie du préfixe, qui suggère toute l'ambiguïté du mot. La racine « *topos* » (τόπος) désigne le lieu, et le préfixe vient à la fois de la négation grecque « *ou* » et de l'adverbe « *eu* », signifiant « bon, bien ». Le terme « utopie » signifie donc à la fois « le lieu bon, le lieu idéal », et « le lieu qui n'existe pas ». Il s'agit d'un lieu imaginaire et idéal par son régime politique, son organisation sociale et l'harmonie régnant entre ses membres.

nécessité de se méfier de l'herméneutique : « *Trouvez-y des allégories et des significations aussi graves que vous voudrez et ratiocinez sur le sujet, vous et tout le monde, autant que vous voudrez.* »

Rire et Savoir : éthique et esthétique de la joie

Dès le XVIe siècle, les romans de Rabelais ont suscité des jugements divergents. Si la Sorbonne condamne l'obscénité de l'œuvre, Montaigne quant à lui apprécie des « *livres simplement plaisants,* [...] *dignes qu'on s'y amuse* » (*Essais*, II, 10). Madeleine Lazard s'inscrit dans cette lignée lorsqu'elle affirme dans *Rabelais l'humaniste* (1993) : « Gargantua *illustre toutes les formes de la joie, le mot clé de l'œuvre, constamment repris* ».

• Une éthique de la joie

Gargantua s'inscrit dans la continuité de *Pantagruel* qui étayait une doctrine de bon vivant. Dès l'adresse aux lecteurs, le roman se place effectivement sous le signe de la joie, présentant le rire comme motif majeur. D'ailleurs, dans l'édition originale, cette adresse se terminait par un « *Vivez joyeux* » typographié en lettres capitales, invitant le lecteur à la fête et au plaisir tout en rappelant le précepte évangélique de Saint Paul[1]. Selon l'évangélisme, la joie est un acte de foi : elle élimine tout ce qui peut y avoir de négatif, de destructeur.

Dans cette perspective, le narrateur s'attache à inscrire le récit dans un **univers de fantaisie** au sein duquel la fête est omniprésente. Les scènes de banquet et de convivialité joyeuse scandent le récit : Gargantua naît lors d'une partie de campagne animée par les « *propos de beuverie* » des « *bien ivres* », que Rabelais a amplifiés au fil des éditions successives ; son retour de Paris est célébré par des festivités organisées au château de Grandgousier (chapitres 37 à 40) ; c'est encore un festin magnifique qui clôture

1. Cf. Première épître de Saint Paul aux Thessaloniciens, V, 16 : « *Soyez toujours dans la joie* ».

la guerre picrocholine, couronnant la victoire de Gargantua et des siens (chapitre 51). Ces scènes récurrentes permettent d'inscrire le récit dans une atmosphère de liesse généralisée. De plus, dans les chapitres consacrés à l'éducation, les repas se placent sous le signe de la joie, dans un contexte de pédagogie humaniste menée par Ponocrates. La nourriture et la boisson renvoient d'emblée à la convivialité effervescente, à la joie du partage et de l'échange. Un homme qui boit et mange seul est un homme sans avenir : telle pourrait être la leçon de Rabelais, lequel nous en donne l'illustration avec le personnage de Picrochole qui dîne seul tout en faisant des injonctions martiales (chapitre 26). Le banquet, étranger à l'univers de Picrochole, devient un véritable foyer de communication puisqu'il est toujours étroitement lié à la libération d'une parole qui s'affranchit du sérieux pour mieux servir la vérité, tel que l'analyse Mikhaïl Bakhtine : « *Rabelais était convaincu qu'on ne peut exprimer de vérité libre et franche que dans l'ambiance du banquet, et uniquement sur le ton des propos de table* [...] *; car ceux-ci sont dispensés d'observer les distances hiérarchiques entre les choses et les valeurs, ils mêlent librement le profane et le sacré, le supérieur et l'inférieur, le spirituel et le matériel ; il n'est point de mésalliances pour eux.* »

Chez Rabelais, la joie devient donc un **idéal éthique**. Selon l'humaniste, le savoir passe nécessairement par la joie : contrairement à l'éducation sophiste, l'éducation de Ponocrates est ludique. La découverte du monde, au cœur de l'éducation, passe par la joie – le précepteur et l'élève « *devise*[nt] *joyeusement ensemble* » (chapitre 23) –, et cette méthode « *fut si douce, si légère et délectable, qu'elle ressemblait davantage à un passe-temps de roi qu'à l'étude d'un écolier* » (chapitre 24). Ainsi, joie et spiritualité sont liées : les couleurs de la livrée de Gargantua illustrent cette pensée, le blanc et le bleu signifiant, selon le narrateur, la « *joie céleste* ». Cette joie, qui s'inscrit dans l'optimisme inhérent à l'humanisme, permet de mettre à distance la réalité de la mort – Gargamelle meurt de joie au chapitre 35 – et s'épanouira à Thélème, monde utopique dans lequel la joie est synonyme de liberté. L'idéal évangélique d'une joie céleste paraît être atteint dans ce lieu accueillant des « *joyeux,* *plaisants, mignons,* [...] *gentils compagnons* », comme l'indique l'inscription mise sur la grande porte (chapitre 54). Ce couple joie-liberté semble alors établir le fondement de la vie d'après Rabelais.

• **Une esthétique de la joie**

À cette éthique correspond une esthétique de la joie, proche de l'euphorie verbale, qui embrasse l'ensemble de l'œuvre. Rabelais maîtrise et exploite dans son roman tous les degrés du comique. Le **comique farcesque**, hérité du Moyen Âge, est lié au thème du **gigantisme**, qui provoque un rire reposant sur l'inadéquation de deux sujets, de deux univers. Il s'agit dès lors d'un comique carnavalesque de l'invraisemblance, Rabelais usant à loisir des proportions gigantesques, grossissement de la réalité propre au genre : il faut des milliers de vaches pour nourrir le bébé Gargantua (chapitre 7), lequel, grandissant, dispose de montagnes de victuailles pour déjeuner et souper ; Grandgousier quant à lui offre à Toucquedillon un collier pesant cent soixante-quinze tonnes (chapitre 47). Le comique de disproportion intervient régulièrement, notamment lors du retour de Gargantua, qui confond boulets d'artillerie et grains de raisin, mouches (chapitre 36) ou poux (chapitre 37), puis mange six pèlerins en salade (chapitre 38). Les humains sont noyés tantôt par l'urine du géant Gargantua (chapitres 17[1] et 38[2]), tantôt par celle de la jument (chapitre 36[3]).

L'exubérance, l'hyperbole, la surabondance sont les caractéristiques de cette écriture de l'excès, de l'amplification, et participent à la fécondité du style : **Rabelais se fait lexicalement plaisir**. Le plaisir des mots se fait sentir dans les énumérations (jeux de Gargantua, torcheculs au début réalistes puis complètement absurdes, pièces d'artillerie, jurons de Frère Jean...). Les propos grivois ou scatologiques (chapitres 5, 13 ou 40), qui entretiennent le comique obscène du premier degré, côtoient un langage savant, médical et religieux.

1. « *Alors, en souriant, il détacha sa belle braguette et, tirant sa mentule en l'air, les compissa si aigrement qu'il en noya deux cent soixante mille quatre cent dix-huit, sans compter les femmes et les petits enfants.* »
2. « *Alors il pissa si copieusement que l'urine coupa le chemin aux pèlerins, qui furent contraints de franchir la grande rigole.* »
3. « *Cependant, sa jument pissa pour se relâcher le ventre, mais ce fut en telle abondance qu'elle en fit sept lieues de déluge.* »

Cette rencontre entre le discours médical et le discours chevaleresque, relevant d'une volonté de décalage et d'humour, crée un **comique de langage** sur lequel reposent notamment les combats de Frère Jean (chapitres 27, 43 ou 44). La langue rabelaisienne est une langue extrêmement foisonnante traduisant une véritable jubilation verbale. Cette **écriture bachique** tend à créer des sonorités en délire. Le chapitre 5, intitulé « *Les propos des bien ivres* », en est un exemple frappant : la polyphonie entretient le fonctionnement délirant du langage créant un univers purement fantaisiste, de non-sens. Le texte déraille, confine à la folie ; folie des mots, ivresse de l'écriture revendiquée telle quelle dès le prologue : « *L'odeur du vin est, ô combien plus friande, riante, priante, céleste et délicieuse que celle de l'huile !* »

Gargantua associe donc trois sortes de joie : la joie des sens, qui participe à l'euphorie physique, la joie de l'esprit, qui relève de la jouissance intellectuelle, et la joie de l'écriture. Mais l'éthique de la joie est souvent mise à mal par un rire de pensée cruel et virulent, l'écrivain faisant appel à une lecture participative.

Parodie, satire et idéal : l'éducation, la guerre et la politique, la religion

1. L'éducation

L'éducation est une grande préoccupation des humanistes de la Renaissance qui veulent en finir avec la scolastique médiévale. Érasme, moine et intellectuel majeur de l'époque, se penche sur cette question et publie en 1530 un traité sur l'Éducation : *La Civilité puérile.* Influencé par Érasme, Rabelais à son tour traite de cette thématique, mais de façon polémique puisqu'il oppose en diptyque deux méthodes pédagogiques[1].

1. Cf. *supra* : l'étude comparative des chapitres 21-22 et 23.

• **Parodie satirique de l'éducation à l'ancienne mode**

Rabelais dénonce le discours des sophistes : il leur reproche de déguiser la vérité et de corrompre l'enfance. La dénonciation porte d'abord sur le **savoir livresque** auquel est soumis le jeune Gargantua. Les livres qu'il apprend par cœur et dont la liste est un mélange d'ouvrages fantaisistes[1] ou dépassés, sont des lieux communs de sentences, de morales, mais qui ne prêtent pas à la réflexion. Dans cette logique, l'onomastique participe à la critique, avec des noms d'auteurs tels que « *Tropditeux* » (« qui parle trop »), « *Faquin* » ou « *Brelinguand* » (« maître Lecon »).

Soucieux de bien manger, bien boire et bien dormir, les maîtres de Gargantua sont des « *vieux tousseux* », personnages ridicules mais dangereux ; ce sont les représentants du pouvoir théologique et de l'ancienne éducation. D'autres personnages sont la représentation de ces maîtres et de la Sorbonne, dénigrés par les sobriquets « *Sorbonnagres* », « *Sorbonnards* », « *Sorbonnicoles* »[2], tels maître Janotus de Bragmardo dont le discours est une parodie du discours théologique de la Sorbonne, ou maître Jousse Bandouille (chapitres 18 à 20). Là encore, l'onomastique est révélatrice de leur bêtise, « braquemard » gardant le sens argotique de « pénis ». C'est pourquoi, à l'issue de la harangue de Janotus, « *Ponocrates et Eudémon s'esclaffèrent de rire si profondément, qu'ils crurent en rendre l'âme à Dieu* ».

Mais ce sont surtout les **méthodes pédagogiques** – l'apprentissage par cœur, la répétition – qui deviennent les cibles de la critique rabelaisienne. Gargantua connaît si bien les ouvrages qu'il peut les réciter à l'envers (chapitre 14[3]) ! Cette éducation est inutile, à l'image de la liste des deux cent dix-sept jeux futiles énoncés au

1. Chapitre 14.
2. Dans l'édition remaniée de 1542, les sobriquets sont remplacés par le terme de « Sophistes » – signe de la prudence de l'écrivain.
3. Maître Thubal Holoferne « *lui apprit si bien son alphabet qu'il le récitait par cœur, à l'envers* » ; Gargantua connaît si bien *Les modes de la signification*, traité de grammaire théorique, qu' « *il le restituait par cœur, à l'envers* ».

chapitre 22. Elle entraîne la paresse, le manque d'hygiène, et transforme le temps en temps mort. Rabelais pointe du doigt l'échec de l'éducation sophiste : l'esprit et le corps ne sont pas éduqués.

- **Éloge de l'éducation humaniste**

Par contraste, Ponocrates (« le travailleur ») fait l'éducation d'un gentilhomme, sans mépris pour les métiers manuels.

D'une part, l'éducation de Ponocrates repose sur **cinq principes** : il s'agit avant tout d'une éducation dans la JOIE[1], qui prône le RESPECT DU CORPS : Ponocrates accorde une grande importance à l'hygiène, à l'équilibre des repas, et règle l'emploi du temps selon la Nature. Selon les préceptes humanistes, le programme est ENCYCLOPÉDIQUE : Arts, Sciences et Lettres sont étudiés par l'élève, qui apprend en outre la Botanique lors de ses promenades, ou l'Astronomie lors des sorties nocturnes. Cette éducation est LUDIQUE : au chapitre 23, l'éducation des sciences débouche sur des jeux. Enfin, la méthode pédagogique de Ponocrates est dynamique et tournée vers la VIE, puisqu'il y a un rapport entre ce qu'on apprend et ce qu'on va vivre.

D'autre part, l'apprentissage de la **maîtrise de la parole** constitue un enjeu fondamental. Si les méthodes du précepteur sophiste Thubal Holoferne s'avèrent si inefficaces et si désastreuses, c'est parce qu'elles sont incapables d'« élever » le jeune Gargantua, lequel, s'il ne manque pas de verve[2], ne maîtrise en aucun cas la rhétorique : son langage témoigne d'une obsession scatologique nettement régressive, de sorte que, pleurant « *comme une vache* », il ne peut prendre sa place dans l'échange social[3] contrairement à Eudémon.

Progressivement, grâce à beaucoup de rigueur et d'exigence, le précepteur Ponocrates va réguler, contrôler et canaliser le corps et l'esprit de son élève, dans l'optique d'en faire un gentilhomme. Dans les derniers chapitres consacrés à l'abbaye de Thélème, Rabelais

1. Montaigne reprendra cette idée : « *La plus expresse marque de la sagesse, c'est une réjouissance constante* » (I, 26).
2. Cf. la litanie des torcheculs au chapitre 13.
3. Chapitre 15 : « *il ne fut pas possible de tirer de lui une parole, non plus qu'un pet d'âne mort.* »

prolongera sa réflexion sur l'éducation humaniste, offrant l'image d'une société exceptionnelle d'esprits cultivés, même si, comme dans l'éducation de Ponocrates, l'emploi du temps exposé semble peu réaliste et s'inscrit davantage dans la logique de l'utopie.

2. La guerre et la politique

Claude de Seyssel est l'un des premiers à écrire un ouvrage qui réfléchit sur la politique humaniste : *La Grande Monarchie de France* (1519). Dans cet essai, il oppose guerre défensive et guerre de conquête : selon lui, le fondement de l'autorité royale ne réside pas dans la force mais dans la justice. Les chapitres consacrés à la guerre picrocholine portent en creux la réflexion de Seyssel : si Rabelais s'amuse, détournant les *topoï* du genre épique, s'il ne donne pas non plus le meilleur gouvernement possible, il pose néanmoins une question : comment le roi peut-il gouverner justement ?

- **Parodie du genre épique**

C'est avant tout par le rire que Rabelais nous invite à appréhender la guerre picrocholine, présentée d'emblée comme une **épopée bouffonne**. Multipliant les écarts avec le genre épique, le conteur Alcofribas prend volontiers le masque de l'écrivain des chansons de geste, s'adressant à plusieurs reprises au lecteur[1], mais ne cesse de malmener le style épique, usant à outrance de l'hyperbole, conciliant langage militaire et langage médical, apportant des précisions chirurgicales qui n'apparaissent pas dans les chansons de geste[2], de sorte que les combats deviennent de véritables carnages[3].

Tout devient sujet de dérision sous la plume du conteur : les motifs de la guerre, exposés aux chapitres 25 et 26, réduisent cette dernière à une **querelle sans réel intérêt**, entre des fouaciers et des bergers. Pourtant, l'incident prend des proportions démesurées sous l'impulsion de l'ambitieux Picrochole. Le chapitre 27,

1. « *D'où vient cela, messieurs ? Pensez-y, je vous prie.* » ; « *Croyez bien que c'était le plus horrible spectacle que l'on n'ait jamais vu.* » (Chapitre 27)
2. Chapitres 27, 43 ou 44.
3. Frère Jean « *lui faisait voler la tête en pièces en le frappant à la suture lambdoïde.* » (Chapitre 27)

qui met en scène pour la première fois Frère Jean, est une illustration magistrale de la parodie du genre épique : personne ne semble épargné. Ainsi, le **désordre** règne dans les deux camps (chapitres 26 et 27) ; les combats sont menés de façon anarchique ; le cri de guerre est parodique[1]. De plus, le conteur se plaît à parodier l'habillement des chevaliers, dont la description est attendue dans le genre épique : non seulement l'habillement de Frère Jean est non conforme à celui des chevaliers, mais ce dernier confond bâton de la Croix et arme de guerre[2]. Nous constatons dès lors le **renversement des objets** : les ennemis n'utilisent pas les armes à des fins offensives mais pour récolter le raisin ; les trompettes et les tambourins deviennent des objets dégradés par rapport à leur fonction noble du départ[3] ; les enseignes sont rabaissées au rang de jarretières[4].

Mais derrière le carnaval, **la satire subsiste** : ce comique, qui permet de mettre à distance la réalité de la guerre, en dénonce la cruauté : Rabelais condamne la fureur guerrière des guerres de conquête, dans lesquelles le pillage, contraire à l'idéal chevaleresque, n'épargne personne, ni homme ni femme. Mais la critique atteint aussi les moines, lesquels, pour se défendre, ne savent faire que « *belle procession* » et litanies inintelligibles, se barricadant dans l'église. Le seul moine qui se démarque, Frère Jean des Entommeures, est un personnage paradoxal, sympathique, mais sans aucune mesure. Les coups qu'il donne deviennent automatiques, mécaniques ; il se montre impitoyable envers les ennemis et semble éprouver un certain plaisir à découper les corps ramenés au stade animal[5] et à achever ses ennemis. Frère Jean devient l'anti-moine par excellence, et non pas un héros épique.

1. Au « *Montjoie !* » se substitue un « *horrible tumulte* » (Chapitre 26).
2. « *Toutefois mon bâton de croix fera diablement merveilles.* » (Chapitre 42) : l'ironie culmine avec l'antithèse.
3. « *Les tambours avaient défoncé leurs caisses d'un côté pour les emplir de raisins, les trompettes étaient chargées de branches de vigne.* » (Chapitre 27)
4. « *Quelques-uns des moinillons emportèrent enseignes et drapeaux dans leurs chambres pour en faire des jarretières.* » (Chapitre 27)
5. Frère Jean « *les culbutait comme des porcs* » ; « *il lui cassait les reins comme à un chien.* » (Chapitre 27)

Au-delà de cette satire se laisse entendre **l'idéal évangélique** de Rabelais : s'il faut sauver les récoltes, c'est parce qu'il faut sauver la vigne, le sang du Christ : autrement dit, il faut sauver l'Église[1]. Ainsi, dans ces chapitres, Rabelais dénonce la barbarie de la guerre à travers le moine, ce qui lui permet de dénoncer métaphoriquement la barbarie de la religion.

- **Réflexion sur la politique**

Ces chapitres offrent par ailleurs un diptyque opposant le pacifisme de Grandgousier à l'impérialisme de Picrochole, permettant d'inscrire au cœur des combats une réflexion sur la politique.

Tout d'abord, Rabelais amorce dans son roman une réflexion sur la **politique intérieure** qu'il emprunte à Seyssel ou à Érasme[2]. Au XVIe siècle, la morale et la religion sont étroitement liées ; le roi a des obligations à l'égard de ses sujets puisque, selon Érasme, « *Un prince chrétien est un père pour ses sujets* ». À ce titre, il doit les protéger, comme le précise du reste Grandgousier qui veut « *secourir et garantir* [s]*es pauvres sujets. La raison le veut ainsi.* » (Chapitre 28) C'est pourquoi ce dernier, soucieux de l'état d'âme de ses sujets, exhorte son fils au retour, lui rappelant le devoir de tout suzerain : « *force m'est de te rappeler pour protéger les gens et les biens qui te sont confiés par droit naturel* ». Les mesures sociales mises en place vont dans ce sens : à l'issue de la guerre picrocholine, Grandgousier a prévu un hôpital pour les blessés et rembourse les civils des dommages qu'ils ont subis[3].

La guerre picrocholine devient aussi un prétexte permettant à Rabelais d'étayer la réflexion au sujet de la **politique extérieure.** Dans la réflexion humaniste de nature érasmienne, tout doit être traité par la douceur. Grandgousier est un roi pacifique et pacifiste, contrairement à Picrochole, personnage colérique et impérialiste. Or dans la pensée humaniste, si la paix est un combat, la guerre est

1. Le calembour « *service divin* » / « *service du vin* », au-delà du comique de mots, opère le rapprochement de la vigne et du paradigme religieux.
2. Dans *L'Éducation du prince chrétien (ou l'art de gouverner)* (1516), Érasme s'exprime au sujet de la mission du prince qui doit être un législateur, agissant pour le bien commun. Selon lui, un prince mauvais ne peut donner qu'une mauvaise politique.
3. Chapitre 51.

un fléau et doit être le dernier recours. Grandgousier tente d'apaiser la colère de son adversaire[1], en vain. Sa lettre à Gargantua énonce clairement le pacifisme du roi débonnaire, face à l'impérialisme honteux de son pendant négatif, Picrochole : « *Mon intention n'est pas de provoquer, mais d'apaiser ; ni d'assaillir, mais de défendre ; ni de conquérir, mais de garder mes fidèles sujets et mes terres héréditaires sur lesquelles est hostilement entré Picrochole, sans cause ni raison, poursuivant chaque jour sa furieuse entreprise et ses excès intolérables pour des personnes libres.* » (Chapitre 29) En corollaire, si la guerre défensive est légitime, la guerre offensive ne l'est pas : non seulement Picrochole a rompu une alliance[2] , mais il n'a aucune autorité sur La Roche-Clermault qu'il prend d'assaut (chapitre 28). Face aux débordements de Picrochole, Grandgousier se révèle être un bon roi car il est généreux et clément, même à l'égard des agresseurs. Il ne juge pas les actes mais les intentions, ce qui le pousse à punir par conséquent les « *fauteurs de la rébellion* » au chapitre 50.

La pensée politique intègre enfin la conception rabelaisienne de la **monarchie idéale**, notamment au sujet de la **laïcisation du pouvoir royal**. Selon Rabelais, le monarque devient roi par hérédité et non par pouvoir sacré, ce qui revient à refuser la croyance du caractère divin et sacerdotal du roi. Grandgousier ne dépend ni de l'empereur ni du pape ; il n'en demeure pas moins un roi chrétien, soucieux de l'âme de ses sujets, incarnant l'image d'un **roi débonnaire** – rappelant celle de Louis XII. Pour éviter tout écart tyrannique, le roi doit être instruit : seule l'instruction lui permettra d'acquérir une clairvoyance qui le guidera dans ses choix. Cette lucidité lui sera bénéfique puisqu'il sera en mesure d'écarter les mauvais conseillers, contrairement à Picrochole qui, aveuglé par des conseillers obséquieux tel que Toucquedillon, prend des décisions hâtives et obéit à leurs désirs impulsifs (chapitre 33). Enfin, par l'intermédiaire de son personnage Gargantua, Rabelais prône

1. « *Grandgousier pour acheter paix, fit rendre les fouaces* » (Chapitre 32).
2. Cf. la harangue de Gallet au chapitre 31 : « Quelle furie donc t'émeut maintenant, toute alliance brisée, toute amitié foulée aux pieds, tout droit trépassé, pour envahir ses terres, sans *avoir été ni endommagé, ni irrité, ni provoqué, par lui ou les siens ? Où est la foi ? Où est la loi ? Où est la raison ? Où est l'humanité ? Où est la crainte de Dieu ?* »

discrètement **l'idéal platonicien du roi philosophe** : l'héritier de Grandgousier se plaît en effet à citer le livre V de *La République* de Platon au chapitre 45 : « *les républiques seront heureuses quand les rois philosopheront, ou quand les philosophes règneront.* »

3. La religion

Alors que l'idéal politique et l'idéal sur l'éducation sont centrés sur quelques chapitres, l'idéal religieux est disséminé tout au long du roman, tantôt sous la forme de satires, tantôt sous la forme de discours. La réflexion est exposée par l'intermédiaire de personnages qui défendent la bonne contre la mauvaise cause. Ainsi Grandgousier, Ponocrates et Frère Jean incarnent la sagesse évangélique, tandis que Picrochole et les « Sorbonnards » incarnent les représentants du Mal. L'évangélisme prôné par Rabelais n'est pas tant une doctrine qu'une attitude spirituelle ; il repose non sur des dogmes ou des règles, mais sur un christianisme intériorisé. Il récuse toute forme de foi passive ou quiétiste.

- **Satire des pratiques du catholicisme**

Dans *Gargantua,* Rabelais critique une conception qui veut que la religion soit fondée plutôt sur la crainte de Dieu que sur l'amour de Dieu. Les objets de la satire sont nombreux : Rabelais s'attaque aux **litanies** dont il raille l'inefficacité : non seulement les combattants invoquent confusément saints attestés et saints fictifs – comme Sainte Nitouche au chapitre 27 –, mais ces litanies n'obtiennent pas l'effet escompté puisque « *les uns mourraient sans parler, les autres parlaient sans mourir. Les uns mouraient en parlant, les autres parlaient en mourant.* » (Chapitre 27). Par ailleurs, les **pèlerinages**, signes extérieurs de la piété populaire, ne sont que d'« *ineptes et inutiles voyages* » selon Grandgousier (chapitre 45) puisqu'ils sont la manifestation de l'hypocrisie des croyants[1]. Les **psaumes** et les **prières machinales** sont quant à eux sévèrement blâmés par Gargantua au chapitre 40, raillant les moines qui « *marmonnent grand nombre d'antiennes et de psaumes qu'ils ne comprennent nullement* » ; Frère Jean se targue même de pouvoir endormir Gargantua en priant les psaumes

1. Cf. les épisodes des pèlerins aux chapitres 38 et 45.

au chapitre 41 ! Rabelais, faisant une allusion à la Sorbonne qui demandait à François 1er d'agir en faveur du respect du culte des saints guérisseurs, reproche aux croyants de **confondre religion et superstition** : les cinq pèlerins du chapitre 45 expliquent revenir de Saint-Sébastien où ils sont allés invoquer le saint contre la peste ; Picrochole envoie en patrouille des chevaliers, « *tous bien aspergés d'eau bénite* » au chapitre 43, pour les préserver de toute fin funeste, en vain. Rabelais fait donc la satire des croyants, dont la foi a été remplacée par de vulgaires croyances populaires et qui portent une vénération outrancière au culte des saints.

L'écrivain n'épargne pas les **institutions religieuses** qui selon lui faussent les rapports de l'homme à Dieu. Usant à loisir de la parodie, il raille l'absurdité des vœux et la vie oisive des moines, résumée par un polyptote comique au chapitre 27 : « *le monde moinant moina de moinerie* ». Les institutions ne font qu'étouffer l'enseignement du Christ, telle la Sorbonne qu'Alcofribas Nasier ne cesse de dénigrer grâce à des néologismes dépréciatifs ou à une onomastique suggestive[1]. De tels théologiens et prédicateurs sont de dangereux « *faux prophètes* », puisque, selon Grandgousier, « *La peste ne tue que le corps, mais de tels imposteurs empoisonnent les âmes.* » (Chapitre 45)

- **Pratiques valorisées : l'idéal évangélique**

Dès le prologue, Rabelais nous invite, quoiqu'avec beaucoup de prudence pour ne pas être taxé d'hérétique, à chercher son idéal religieux : le lecteur doit « *rompre l'os et sucer la substantifique moelle* ». Si cet idéal n'est pas clairement explicité jusqu'aux chapitres consacrés à Thélème, il convient au lecteur de le saisir entre les lignes. La première recommandation de l'écrivain, concernant les pratiques religieuses, est d'**éviter toute forme de mécanisme** : la prière doit exprimer la pensée profonde de chaque individu, condition *sine qua non* pour engendrer le dialogue avec Dieu. Ainsi, les offices et les cloches seront bannis de Thélème, puisque « *la plus grande sottise du monde était de se gouverner au son d'une cloche* » (chapitre 52). S'ensuit la nécessité de **privilégier**

1. Cf. *supra*.

la lecture des textes sacrés et de donner l'accès aux Évangiles sans intermédiaire. L'inscription gravée sur la porte de l'abbaye va dans ce sens :

« Que la parole sainte
Jamais plus ne soit éteinte
En ce lieu très saint.
Que chacun en soit ceint,
Que chacune porte en son sein
La parole sainte[1]. »

De surcroît **le bon croyant est dans l'action** et ne doit pas compter seulement sur la prière. À l'instar d'Érasme, Rabelais insiste sur l'importance de l'action humaine dans la réalisation des desseins de Dieu, reprenant ainsi l'adage : « *Aide-toi et le Ciel t'aidera* ». Enfin, suivant les préceptes de Saint Paul, la **charité** est au cœur de la pensée évangélique : la devise de Gargantua, énoncée en grec et en lettres capitales au chapitre 8, est d'ailleurs une reprise de la sentence que Saint Paul écrit dans sa 1re Épître aux Corinthiens : « *Ce que recherche la charité, ce n'est pas son bien à elle-même.* »

- **Thélème : l'anti-abbaye, ou l'idéal religieux**

Thélème est une **illustration de l'idéal monastique** – sans moines. Il s'agit d'un anti-couvent, dont l'ordre est « *au contraire de tous les autres*[2] », et au sein duquel l'enseignement est centré sur la vie mondaine (avec un équilibre du corps et de l'esprit), et non sur la vie spirituelle. **Les règles y sont posées en antithèse avec celles d'une vraie abbaye** : pas de murailles, pas de religieux ni de religieuses, pas d'horloges ni de cloches. N'y sont acceptés que les « *gens bien nés*[3] », hommes et femmes qui sont libres de sortir et ne prononcent aucun vœu de chasteté, de pauvreté et d'obéissance. Si les Thélémites vivent sans règle, ils se mettent en permanence au service de l'autre et réalisent par conséquent le paradoxe évangélique du chrétien à la fois seigneur et serviteur. Cette conception

1. Chapitre 54.
2. Chapitre 52.
3. « *Il fut ordonné que n'y seraient reçus que des femmes belles, bien formées et de bonne nature, et des hommes beaux, bien formés et de bonne nature.* » (Chapitre 52)

rejoint donc non seulement une utopie religieuse mais aussi une utopie sociale, qui crée une cellule sociale (puisqu'elle aboutit au mariage).

Cependant, de **nombreuses zones d'ombre** laissent le lecteur songeur. En ce qui concerne l'idéal de l'éducation, le programme encyclopédique prôné semble peu réaliste, l'emploi du temps est très chargé… En ce qui concerne l'idéal religieux, à Thélème, on ne boit pas, on ne rit pas beaucoup, chacun est libre, mais la liberté devient presque un conformisme. Où sont passés les buveurs du prologue, ou les joyeux convives des banquets ? Où sont passés les personnages s'égalant en impertinence et maniant la parole avec humour et ironie[1] ? Comme toujours, un **voile ironique** est jeté sur ces chapitres… Il ne s'agit pas tant pour Rabelais de proposer un système éducatif ou religieux que d'en ridiculiser les méthodes excessives. À l'image de l'énigme exhumée au dernier chapitre, Rabelais veut sans doute nous faire comprendre qu'il n'existe pas de lecture univoque : l'ambiguïté est emblématique de l'esthétique rabelaisienne. Restons donc prudents dans l'interprétation.

1. Il ne sera plus question de cette abbaye ni des Thélémites dans le *Tiers livre*.

À retenir en vue de l'examen

Les extraits essentiels

- Le prologue
- Le premier portrait de Gargantua (chapitre 7)
- Une éducation régressive (chapitre 11)
- Célébration de la scatologie : torcheculs et poésie obscène (chapitre 13)
- L'instruction des sophistes (chapitres 14, 21 et 22)
- L'intervention d'Eudémon (chapitre 15)
- Gargantua sur les tours de Notre-Dame (chapitre 17)
- L'éducation humaniste de Ponocrates (chapitre 23)
- Les origines du conflit (chapitre 25)
- Une bataille parodique (chapitre 27)
- La lettre de Grandgousier, roi pacifique (chapitre 29)
- L'impérialisme de Picrochole (chapitre 33)
- La ruse de Gymnaste (chapitres 34 et 35)
- Six pèlerins mangés en salade (chapitre 38)
- Satire des moines (chapitre 40)
- Les exploits de Frère Jean (chapitre 44)
- Deux camps, deux méthodes (chapitre 47)
- L'indulgence et la clémence de Gargantua (chapitre 50)
- L'abbaye de Thélème, utopie humaniste (chapitre 57)

Les citations à connaître

« *Il vaut mieux traiter du rire que des larmes,*

Parce que le rire est le propre de l'homme. » (« Aux lecteurs »)

« [...] *il faut ouvrir le livre et soigneusement peser ce qui y est exposé* » ; « *rompre l'os et sucer la substantifique moelle.* » (Prologue)

« [...] *il passa ce temps-là comme les petits enfants du pays : c'est-à-dire à boire, manger et dormir ; à manger, dormir et boire ; à dormir, boire et manger.* » (Chapitre 11)

« *Oh ! dit Grandgousier, que tu as du bon sens, petit garçonnet ! Un de ces prochains jours je te ferai passer docteur en gai savoir, pardieu !* » (Chapitre 13)

« *Alors, son père s'aperçut qu'il étudiait vraiment très bien et qu'il y mettait tout son temps mais qu'il ne progressait en rien toutefois et que, pire, il en devenait fou, niais, tout rêveur et radoteur.* » (Chapitre 15)

« *Il le purgea canoniquement* [...] *et lui nettoya le cerveau de toute corruption et de toute perverse habitude.* » (À propos du médecin, chapitre 23)

« [...] *un vrai moine s'il en fut jamais depuis que le monde moinant moina de moinerie* [...]. » (Au sujet de Frère Jean, chapitre 27)

« *Mon intention n'est pas de provoquer, mais d'apaiser ; ni d'assaillir, mais de défendre ; ni de conquérir, mais de garder mes fidèles sujets et mes terres héréditaires sur lesquelles est hostilement entré Picrochole, sans cause ni raison, poursuivant chaque jour sa furieuse entreprise et ses excès intolérables pour des personnes libres.* » (Grandgousier, chapitre 29)

« *— Comment ? dit Ponocrates, vous jurez frère Jean ?*

Ce n'est, dit le moine, que pour orner mon langage. Ce sont couleurs de rhétorique cicéronienne. » (Chapitre 39)

« *Ils marmonnent grand nombre d'antiennes et de psaumes qu'ils ne comprennent nullement.* » (Gargantua au sujet des moines, chapitre 40)

« *Je ne dors jamais bien à mon aise, sauf quand je suis au sermon, ou quand je prie Dieu.* » (Frère Jean, chapitre 41)

« *Il pria Gargantua d'instituer son ordre religieux au contraire de tous les autres.* » (Frère Jean, chapitre 52)

« *Et toute leur règle tenait en cette clause :*
FAIS CE QUE VOUDRAS. »

(Au sujet des Thélémites, chapitre 57)

« *Trouvez-y des allégories et des significations aussi graves que vous voudrez et ratiocinez sur le sujet, vous et tout le monde, autant que vous voudrez.* » (Frère Jean à propos de l'énigme finale, chapitre 58)

Le parcours associé
« **Rire et Savoir** »

Extraits du Bulletin officiel

LA LITTÉRATURE D'IDÉES DU XVIe SIÈCLE AU XVIIIe SIÈCLE

« **L'étude de l'œuvre et celle du parcours sont étroitement liées et doivent s'éclairer mutuellement** [...].

Corpus :

- **L'œuvre et le parcours associé** fixés par le programme
- **La lecture cursive** d'au moins une œuvre appartenant à un autre siècle que celui de l'œuvre au programme, ou d'une anthologie de textes relevant de la littérature d'idées.

Une approche culturelle ou artistique ou un groupement de textes complémentaires pourront éclairer et enrichir le corpus. [...]. »

Présentation du parcours « Rire et Savoir »

Enjeux et thématiques

Le parcours « Rire et Savoir » met en relation deux notions non pas tant contradictoires que complémentaires, nous incitant à distinguer rire ludique et rire de pensée.

Le rire ludique

C'est la première fonction du rire : le rire est intimement lié à la plaisanterie, au divertissement et à la joie. Dans cette perspective, **le rire est gratuit** et convoque tous les sens mis en éveil par des situations comiques voire farcesques.

Il existe une **multitude de formes de rire** : le rire peut naître de situations purement comiques, il peut reposer sur l'inadéquation de deux sujets, de deux univers. Réfléchir au rire nous conduit à interroger ce qui le provoque : comique de situation, de gestes, de mots, de caractères, de répétition. Le rire ludique exploite des formes verbales qui lui sont propres : l'hyperbole, l'exagération, l'invraisemblance, les calembours ou autres jeux de mots. Il induit souvent une **connivence** entre l'écrivain et son lecteur, ce dernier appréciant le décalage, la fantaisie et les effets du grossissement de la réalité. Le rire permet de distraire et de divertir le lecteur plongé dans un univers fantaisiste, voire de non-sens, créé par un écrivain ivre de mots. Le rire ludique a une **fonction essentiellement**

communicationnelle, proche de la fonction phatique du langage définie par Jakobson[1] : l'énoncé joue un rôle d'interaction sociale entre le locuteur et le locuté, entre l'émetteur et le destinataire.

Le rire de pensée

Mais le rire peut aussi se mettre **au service de la morale** : dans cette optique, il se fait parfois didactique, voire polémique, et dénonce l'excès. C'est la deuxième fonction du rire : le rire n'est plus gratuit mais acquiert une dimension subversive.

Les degrés de raffinement du rire de pensée sont divers et variés. Dans la **parodie**, l'auteur reprend des éléments de la réalité en les renversant et en les dévalorisant : à ce titre, la parodie entraîne un phénomène de connivence et de sympathie par rapport aux textes parodiés. Le rire de parodie hésite entre le rire de plaisir et le rire de colère : c'est cette ambiguïté qui protège l'auteur contre la censure. La **satire** quant à elle, qui atteint souvent son but par la parodie, revêt une dimension critique : il s'agit d'un rire de distance grâce auquel l'écrivain entraîne son lecteur dans l'espace de la dérision, de la moquerie, de la raillerie ou de la contestation. Néanmoins, le propre de la satire est de s'effectuer au nom d'un idéal : elle s'adresse donc à l'intelligence du lecteur, l'invitant à saisir en creux cet idéal. Par conséquent, le rire peut être **cathartique** et libérateur : en riant de l'autre, nous rions de nous-mêmes. Le rire a la vertu d'éliminer en nous tout ce qui peut y avoir de négatif, de destructeur.

Quoi qu'il en soit, le rire, qu'il soit ludique ou non, se définit par rapport à une norme ; il est affranchissement et transgression.

1. Selon Roman Jakobson, un énoncé peut servir à « *établir, prolonger, ou interrompre la communication, à vérifier que le circuit fonctionne* (*"Allô, vous m'entendez ?"*) » entre l'émetteur et le récepteur. C'est ce qu'il nomme la fonction phatique du langage.

Genres et auteurs incontournables

✱ La Fontaine (1621-1695) et la Fable, une gaieté littéraire

Hérité du latin *fabula* (« récit »), le terme « fable » désigne un court récit en vers ou en prose, mettant le plus souvent en scène des animaux, et incluant une morale. La fable a deux fonctions : plaire et instruire. « *Le corps est la fable ; l'âme est la moralité* », écrit ainsi La Fontaine. Le genre de la fable, qui existe depuis l'antiquité gréco-latine, connaît un grand succès à l'époque classique des moralistes. La Fontaine puise à des sources antiques (Ésope) et orientales (le fabuliste indien Pilpay) pour composer des récits dynamiques à vocation didactique.

Si La Fontaine reste proche des moralistes dans la pensée exprimée, il craint de voir ces derniers alourdir les vers et ne cesse de revendiquer une gaieté littéraire qu'il oppose néanmoins au rire grossier dans « Le Rieur et les Poissons » (VIII, 8) : « *On cherche les rieurs, et moi je les évite* ». Ainsi, s'il s'éloigne du genre farcesque[1], il cultive **la veine héroïcomique** dans « Les Deux Coqs » (VII, 13), le combat des coqs s'apparentant sur le mode de la parodie à la guerre de Troie, la poule devenant « *Hélène au beau plumage* ». On retrouve cette veine dans de nombreuses autres fables : « Les Vautours et les Pigeons » (VII, 8), « Le Coche et la Mouche » (VII, 9), « Le Berger et son troupeau » (IX, 19) ou « Le Fermier, le Chien et le Renard » (XI, 3).

La Fontaine définit ses écrits comme d'« **agréables mensonges**[2] » et va jusqu'à faire l'apologie du mensonge littéraire qu'il oppose au mensonge ridicule dans « Le Dépositaire infidèle » (IX, 1) : il aime se comparer à un menteur spirituel qui tend à son lecteur de façon oblique un miroir de la vérité, et va plus loin encore en prenant le parti du « **Fou qui vend la sagesse** » (IX, 8), métaphore du fabuliste lui-même. Dans la lignée des classiques, il reste convaincu de la double vocation de la littérature : *placere et docere*.

1. Genre farcesque mentionné dans « Le Cochon, la Chèvre et le Mouton » (VIII, 12), avec l'évocation de Tabarin (auteur de farces du XVIIe) et d'un fabliau : « Dom Pourceau ».
2. « Les Obsèques de la Lionne » (VIII, 14).

Ainsi chez la Fontaine, **le rire, issu entre autres de l'anthropomorphisme[1], sert à la critique** : le fabuliste dénonce l'hypocrisie des courtisans qui empestent la cour devenant dès lors « *un vrai charnier* » dans « La Cour du Lion » (VII, 7), il condamne la violence d'une justice expéditive dans « Le Chat, la Belette et le petit Lapin » (VII, 16), ou dans « L'Huître et les Plaideurs » (IX, 9). La satire culmine lorsqu'il est question d'inégalité sociale et d'injustice : de nombreuses fables mettent en scène le roi sous les traits du Lion, dans le cadre de comédies de Justice qui manifestent la loi du plus fort. Le Lion est orgueilleux, égoïste, aime « *étaler sa puissance* » (VII, 7), exerce une autorité despotique. On redoute la colère « *terrible* » (VIII, 14) de celui qui fait preuve d'une cruauté impulsive. La cour n'est pas épargnée, présentée comme un monde de parasites, dans lequel ne s'épanouissent que servilité, hypocrisie, rivalités et calomnies. « La peste » (VII, 1) et « la puanteur » (VII, 7) infestent les lieux, métaphores de la corruption humaine[2]. Si la loi du plus fort semble être le mot d'ordre, néanmoins la ruse permet bien souvent de vaincre les grands[3].

Boileau (1636-1711), La Bruyère (1645-1696) et Montesquieu (1689-1755) ou la Verve caustique

À l'instar de La Fontaine, Boileau, La Bruyère ou Montesquieu portent un regard aigu sur la société de leurs temps et usent d'un parler franc. Sous leurs plumes, sincérité, caricature et satire virulente fusionnent et créent une verve caustique.

Œuvre de jeunesse, les *Satires* de Boileau, publiées à partir de 1666, sont une **peinture satirique des mœurs bourgeoises** et mettent en scène des sots vaniteux dans « Le Repas ridicule » (III),

1. « *Je me sers d'animaux pour instruire les hommes* » (Préface du premier recueil des *Fables*).
2. « Les Animaux malades de la peste » (VII, 1) ; « La Cour du Lion » (VII, 7).
3. Les exemples abondent, le renard étant souvent caractérisé par sa ruse. Mais d'autres animaux ont recours à cette finesse d'esprit : dans « Le Loup et le Chien maigre » (IX, 10), le chien rusé l'emporte sur le plus fort ; dans « Le Singe et le Chat » (IX, 17), le chat est trompé par plus malin que lui.

« La Folie humaine » (IV) ou « La vraie noblesse » (V). La huitième satire va jusqu'à rabaisser l'orgueil de l'homme, lequel n'est pas supérieur à l'animal :

« De tous les animaux qui s'élèvent dans l'air,
Qui marchent sur la terre, ou nagent dans la mer,
De Paris au Pérou, du Japon jusqu'à Rome,
Le plus sot animal, à mon avis, c'est l'homme. »

Usant du dispositif de la fable, cette satire, dans laquelle le bestiaire abonde (fourmi, ours, lion, tigre…), donne la parole à l'âne qui conclut : « *Ma foi, non plus que nous, l'homme n'est qu'une bête !* » Dans l'ensemble des *Satires*, la fable, quoique moins fantaisiste que chez La Fontaine, sert de support à une réflexion sur l'ambition démesurée de l'homme, sur son comportement superstitieux, aveugle, inconstant ou absurde.

Comme Boileau, La Bruyère dispose d'un **talent de conteur** et son œuvre délivre sans peine un enseignement oblique, ironique. Témoin amusé mais amer de la comédie des hommes, l'auteur des *Caractères* (1688) multiplie les remarques acerbes et ironiques à travers nombre de portraits savoureux : Arrias le pédant, Ménalque le distrait, Gnathon l'impoli, Onuphre l'hypocrite, autant d'extravagants qui n'ont rien à envier aux personnages de Molière. S'il s'agit d'un **burlesque épuré**, l'écriture de La Bruyère est néanmoins marquée par une griserie verbale exploitant l'exagération, l'hyperbole, le grossissement et la déformation presque caricaturale. Mais ce burlesque est justifié par un fond de gravité : le comique a pour vocation de conduire le lecteur à méditer sur les valeurs intemporelles qui doivent régir toute société.

Dans ses *Lettres persanes* (1721), Montesquieu s'inscrit dans la lignée des moralistes en dénonçant les travers de la société grâce au rire. Dans ce roman épistolaire, deux Persans, Usbek et Rica, visitent la France et font part de leur étonnement par le biais de lettres envoyées à des amis. Le **regard neuf**, déjà utilisé par La Bruyère dans ses *Caractères* (« De la Cour », VIII) est une mise à nu des normes de la société française et permet d'accentuer, sous couvert de l'étonnement exacerbé, le ridicule des traditions et des coutumes. Ainsi, le comique teinte les lettres d'un ton léger, volontiers plaisant, voire licencieux. Mais si les procédés de l'exagération produisent un effet comique, Montesquieu, préférant l'apparence badine au didactisme, compose une **œuvre polémique**, s'attaquant en particulier au pouvoir et aux institutions religieuses. Néanmoins la critique n'est pas une fin en soi : Montesquieu élabore toute une **pensée politique** qui sera au cœur de l'*Esprit des Lois* (1748), notamment grâce à l'apologue des Troglodytes (lettres 11 à 14) qui offre une réflexion sur la violence tyrannique d'un pouvoir, les méfaits de l'anarchie et la nécessité de recourir aux vertus morales pour vivre en société.

* Voltaire (1694-1778) et le Conte philosophique

Le conte philosophique, apparu au XVIIIe siècle, est un genre hybride qui combine le rire et la réflexion. Dans l'approbation inscrite au seuil de *Zadig* (1748), Voltaire définit d'ailleurs son récit comme étant « *curieux, amusant, moral, philosophique, digne de plaire* ».

L'écrivain use avant tout de la **parodie**, qui consiste en l'imitation comique d'un énoncé ou d'une forme littéraire sérieuse. Ses récits parodient en effet à outrance les procédés d'écriture du conte en vogue au XVIIIe : s'il conserve sa forme brève, son schéma narratif et son univers merveilleux, Voltaire disqualifie néanmoins les traits traditionnels du conte à l'aide de la condensation et de l'exagération comiques : le néophyte devient un véritable ingénu dont la naïveté confine à la bêtise dans *Candide* (1759) ou *L'Ingénu* (1767). De plus, le philosophe détourne les caractéristiques du roman héroïque et de l'épopée : les évènements s'enchaînent dans une sorte de « *succession kaléidoscopique* » selon Jean Starobinski. Tout concourt à briser l'illusion romanesque : accélération du *tempo,* effets d'asyndète avec des faits juxtaposés sans lien causal, situations burlesques. Voltaire exploite les effets d'accélération et de surprise pour créer des effets comiques, de sorte que ses contes sont empreints de l'exagération comique issue du genre farcesque. Grâce à la parodie, Voltaire tourne de même en dérision le roman sentimental et larmoyant à la mode au XVIIIe : les passions amoureuses dont il est question dans *Candide, L'Ingénu,* mais surtout dans *Zadig* reposent sur un schéma stéréotypé. Les contes voltairiens sont donc de purs divertissements : l'auteur nous charme par des aventures merveilleuses, ses personnages sont de plaisantes caricatures, sa verve est pittoresque et pleine d'humour.

Néanmoins, Voltaire ne se contente pas de distraire et d'amuser son lecteur. Sous le voile de la fiction, sous le masque du rire, chaque conte illustre un thème central : *Zadig* est une leçon sur la Providence, *Micromégas* est un plaidoyer pour la relativité universelle, *Candide* fait la satire de l'Optimisme, *L'Ingénu* s'attaque aux préjugés et à l'hypocrisie sociale. Les cibles de la **satire** sont communes aux différents contes : le pouvoir absolu, les abus de justice, le fanatisme religieux, la violence de la guerre. La satire atteint plusieurs domaines : la religion, la politique, la justice, les mœurs littéraires, la métaphysique, la philosophie.

Le conte philosophique est donc un **apologue** permettant à l'écrivain, par le rire, de souligner les dysfonctionnements de son époque. Grâce à la fiction, l'écrivain contourne la censure, s'autorise plus de liberté et conquiert un public élargi.

Lectures cursives en lien avec le parcours

- Rabelais, *Pantagruel* (1532)
- Boileau, *Satires* (1666)
- La Bruyère, *Les Caractères ou Mœurs de ce siècle* (1688)
- La Fontaine, *Fables* (1668-1694)
- Montesquieu, *Lettres persanes* (1721)
- Voltaire, *Zadig ou la Destinée* (1748), *Micromégas* (1752), *Candide ou l'Optimisme* (1759), *L'Ingénu* (1767)

Caricature et satire : rire de l'Homme

Corpus

- La Bruyère, *Les Caractères* (1688), « De l'Homme » (XI, § 121)
- La Fontaine, *Fables* (1678), « Les Deux Coqs » (VII, 13)
- Montesquieu, *Lettres persanes* (1721), Lettre 99

Introduction : le rire de Démocrite

Au chapitre 20 de *Gargantua*, Ponocrates et Eudémon, spectateurs de la harangue verbeuse du sophiste maître Janotus de Bragmardo, « *s'esclaffèrent de rire si profondément, qu'ils crurent en rendre l'âme à Dieu* ». Pleurant de rire, ils sont alors comparés à « *Démocrite héraclitisant et Héraclite démocritisant* ». L'association légendaire du rire de Démocrite[1] et des pleurs d'Héraclite[2], qui n'est pas nouvelle, conduit à interroger **la dynamique du paradoxe qui existe entre le rire et les larmes**, la folie et la sagesse. La fable de

1. Démocrite est un philosophe grec des Vᵉ et IVᵉ siècles avant Jésus-Christ. S'étant établi à l'écart de la ville d'Abdère, il riait de tout, de sorte que ses compatriotes le croyaient fou. Pourtant, lorsqu'Hippocrate vint l'observer, Démocrite justifia son hilarité provoquée par l'universelle folie des hommes.
2. Héraclite est un philosophe grec du VIᵉ siècle avant Jésus-Christ. La légende raconte que sa méditation sur la fuite du temps lui arrachait des larmes de mélancolie.

La Fontaine intitulée « Démocrite et les Abdéritains » (VIII, 26) réhabilite clairement la figure du philosophe :

« Son pays le crut fou : petits esprits ! Mais quoi ?
Aucun n'est prophète chez soi.
Ces gens étaient les fous, Démocrite, le sage. »

Selon Démocrite, le rire est l'unique réponse à donner à l'universelle folie des hommes : « *Je ne ris que d'un seul objet, l'homme plein de déraison, vide d'œuvres droites, puéril en ses desseins*[1] », dit-il au médecin Hippocrate venu l'observer. « *Ainsi, le rire de Démocrite ne se charge de profondeur et ne se réalise pleinement que si l'on y entend les larmes d'Héraclite* » commente Bérénice Vila Baudry[2].

De la même façon, le rire dans la littérature d'idées du XVIe au XVIIIe siècles ne devient fécond que dans sa confrontation avec une certaine mélancolie. Si la caricature ou la satire s'en prennent aux vices et aux ridicules, « *la mélancolie donne le ton à la* persona *auctoriale de l'écrivain satirique* » selon Jean Starobinski[3].

Le corpus que nous proposons interroge la dialectique du rire et des larmes dans le sens où chacun des auteurs, grâce au procédé de la caricature, invite le lecteur à considérer sérieusement les travers de l'homme, et en particulier la vanité.

Gloutonnerie et incivilité

La gloutonnerie, thème récurrent en littérature, est un moyen efficace pour dénoncer l'excès et la démesure de celui qui, ne pensant qu'à manger, se montre en réalité d'un égoïsme odieux et exécrable.

---

1. Hippocrate, *Œuvres complètes,* traduction Littré, 1839.
2. Bérénice Vila Baudry, *Le rire de Démocrite et le pleurer d'Héraclite. La représentation des philosophes de l'Antiquité dans la littérature des Siècles d'or,* 2007.
3. Jean Starobinski, *L'Encre de la mélancolie,* 2012.

Dans le chapitre 11 de *Gargantua,* Alcofribas Nasier expose l'adolescence du héros éponyme en réduisant le jeune noble à une forme d'animalité. Le jeune enfant, cédant à ses pulsions, ne songe qu'à « *boire, manger et dormir ; à manger, dormir et boire ; à dormir, boire et manger.* » Avant que l'éducation du « *petit paillard* » ne soit prise en charge par le précepteur humaniste, le narrateur insiste sur le comique des repas lors desquels **nourriture** et **répugnance** vont de pair : Gargantua « *morvait dans sa soupe,* [...] *se lavait les mains dans le potage* » (ch. 11), il s'assied à table « *en pissant donc un plein urinoir* » (ch. 21) et « *quatre de ses gens lui jetaient dans la bouche, l'un après l'autre, sans discontinuer, de la moutarde à pleines pelletées.* » Certes, l'onomastique suggérait déjà le goût du personnage pour la nourriture, Gargantua signifiant, comme son père le révèle, « quelle grande bouche tu as ».

La Bruyère, dans ses *Caractères,* reprend les caractéristiques du glouton pour mieux en **dénoncer l'incivilité et l'égoïsme**, en faisant le portrait de Gnathon : là encore, l'onomastique est suggestive, γνάθος [*gnathos*] signifiant « mâchoire ».

> Gnathon ne vit que pour soi, et tous les hommes ensemble sont à son égard comme s'ils n'étaient point. Non content de remplir à une table la première place, il occupe lui seul celle de deux autres ; il oublie que le repas est pour lui et pour toute la compagnie ; il se rend maître du plat, et fait son propre de chaque service : il ne s'attache à aucun des mets qu'il n'ait achevé d'essayer de tous ; il voudrait pouvoir les savourer tous tout à la fois. Il ne se sert à table que de ses mains ; il manie les viandes, les remanie, démembre, déchire, et en use de manière qu'il faut que les conviés, s'ils veulent manger, mangent ses restes. Il ne leur épargne aucune de ces malpropretés dégoûtantes, capables d'ôter l'appétit aux plus affamés ; le jus et les sauces lui dégouttent du menton et de la barbe ; s'il enlève un ragoût de dessus un plat, il le répand en chemin dans un autre plat et sur la nappe ; on le suit à la trace. Il mange haut et avec grand bruit ; il roule les yeux en mangeant ; la table est pour lui un râtelier ; il écure ses dents, et il continue à manger.
>
> La Bruyère, *Les Caractères* (1688), « De l'Homme » (XI, § 121)

Pistes de lecture

Dans cet extrait, le personnage est mis en situation, à table. Selon La Bruyère, l'être se révèle le mieux en profondeur, à l'état brut, dans les actes les plus quotidiens. Ainsi, après avoir énoncé explicitement dès la première phrase l'égoïsme de Gnathon qui « *ne vit que pour soi* », le portraitiste s'attache à justifier l'accusation en l'illustrant.

Le **portrait moral** qui en découle relève de la **caricature** : Gnathon est non seulement indifférent aux autres convives, mais son sans-gêne est insupportable dans une société très hiérarchisée : ainsi, à table, il n'hésite pas à prendre la place d'honneur réservée habituellement à la personne la plus titrée. Son égoïsme est mis en valeur par l'hypertrophie du « je » : « *il occupe lui seul* [la place] *de deux autres* », « *il oublie que le repas est pour lui et pour toute la compagnie* », il « *fait son propre de chaque service* » (il s'approprie chaque service). De plus, il manque aux règles les plus élémentaires de la politesse : il ne fait preuve d'aucune discrétion, veut goûter à tout, mange avec ses mains, nettoie ses dents avec ses doigts et n'épargne à ses convives « *aucune de ses malpropretés dégoûtantes, capables d'ôter l'appétit aux plus affamés* ». Le rapprochement des termes « *dégoûtantes* », « *dégouttent* » et « *ragoût* » explicite le lien entre nourriture et répugnance, renforçant la dimension comique du spectacle.

Cependant, la caricature sert à la satire : la conduite de Gnathon est une **conduite antisociale**. La juxtaposition des phrases et des propositions courtes souligne le désordre inhérent à sa nature. Gnathon est un personnage sonore qui « *mange haut et avec bruit* ». Ce portrait exprime la convoitise bestiale de l'homme subissant ses pulsions : l'analogie entre la table et le « *râtelier* » renforce cette animalisation. L'extrait se conclut sur la monomanie de Gnathon : « *et il continue à manger* ». Le personnage décrit par La Bruyère n'est pas loin des monomaniaques de Molière…

Gnathon est donc un personnage non seulement glouton, mais vulgaire, égoïste, antisocial. Contrairement à Gargantua, il pratique l'acte social du repas seul, sans partager. La Fontaine s'est lui aussi intéressé au personnage du glouton lequel ne pense qu'à s'empiffrer, même à l'heure de la mort.

Texte écho

À son souper un glouton
Commande que l'on apprête
Pour lui seul un esturgeon,
Sans en laisser que la tête.
Il soupe ; il crève, on y court ;
On lui donne maints clystères.
On lui dit, pour faire court,
Qu'il mette ordre à ses affaires.
« Mes amis, dit le goulu,
M'y voilà tout résolu ;
Et puisqu'il faut que je meure,
Sans faire tant de façon,
Qu'on m'apporte tout à l'heure
Le reste de mon poisson. »

La Fontaine, *Contes et nouvelles en vers* (1665),
« Autre conte tiré d'Athénée »
[Dans l'édition de 1685 le titre est : « Le Glouton »]

Vanité et discorde sociale

La vanité entraînant la discorde sociale est un autre sujet en vogue dans les textes littéraires.

Dans *Gargantua*, les chapitres consacrés à la guerre picrocholine exploitent cette thématique ; dès le titre ironique du chapitre 25 – « *Comment fut mû entre les fouaciers de Lerné et ceux du pays de Gargantua* **le grand débat** *dont furent faites grosses guerres* » –, Rabelais dénonce l'absurdité des causes de la guerre. En effet, les raisons du conflit sont risibles, rendant dès lors la guerre burlesque : l'arrogance des fouaciers refusant de céder leurs fouaces et insultant les bergers conduit ces derniers à se venger ; les vaniteux se plaignent à leur roi Picrochole, lequel entre dans une colère folle et déclare la guerre à Grandgousier. Cette guerre, quoique traitée sur le mode de la parodie, est violente et cruelle. Grâce au rire, **Rabelais questionne les fondements de la discorde sociale et fait la satire des vaniteux**.

Un siècle plus tard, La Fontaine se penche à nouveau sur la question en réécrivant la fable d'Ésope. Le fabuliste dénonce, à travers un récit parodique, la discorde qui règne entre les hommes.

Deux Coqs vivaient en paix ; une Poule survint,
Et voilà la guerre allumée.
Amour, tu perdis Troie ; et c'est de toi que vint
Cette querelle envenimée
Où du sang des Dieux même on vit le Xanthe teint !
Longtemps entre nos Coqs le combat se maintint.
Le bruit s'en répandit par tout le voisinage :
La gent qui porte crête au spectacle accourut ;
Plus d'une Hélène au beau plumage
Fut le prix du vainqueur. Le vaincu disparut :
Il alla se cacher au fond de sa retraite,
Pleura sa gloire et ses amours,
Ses amours qu'un rival, tout fier de sa défaite
Possédait à ses yeux. Il voyait tous les jours
Cet objet rallumer sa haine et son courage ;
Il aiguisait son bec, battait l'air et ses flancs,
Et, s'exerçant contre les vents,
S'armait d'une jalouse rage.
Il n'en eut pas besoin. Son vainqueur sur les toits
S'alla percher, et chanter sa victoire.
Un Vautour entendit sa voix :
Adieu les amours et la gloire ;
Tout cet orgueil périt sous l'ongle du Vautour.
Enfin, par un fatal retour,
Son rival autour de la Poule
S'en revint faire le coquet :
Je laisse à penser quel caquet,
Car il eut des femmes en foule.

La Fortune se plaît à faire de ces coups :
Tout vainqueur insolent à sa perte travaille.
Défions-nous du Sort, et prenons garde à nous
Après le gain d'une bataille.

La Fontaine, *Fables* (1678), « Les Deux Coqs » (VII, 13)

Proposition d'un plan d'explication linéaire

I. Inscription de la fable dans la veine héroïcomique (vers 1 à 10)

1. Mise en place d'un récit dynamique (v. 1-2)

- La situation initiale (1er hémistiche) est interrompue par l'arrivée d'une poule (l'élément perturbateur, au 2e hémistiche).
- Le fabuliste souligne le caractère éphémère de la paix (avec l'antithèse et l'opposition temporelle) et l'irruption de la violence.
- Le choix des animaux est symbolique : les coqs désignent les fanfarons ; la poule fait référence à la femme précieuse et courtisée.

2. Parenthèse emphatique (v. 3-5)

- Le récit laisse place à un commentaire qui convoque le dieu de l'Amour dans une apostrophe emphatique.
- L'intertextualité à l'*Iliade* d'Homère est très présente, le fabuliste fait allusion à la pomme de la Discorde et à l'origine de la guerre de Troie.

3. Parodie de la guerre de Troie (v. 6-10)

- L'insistance sur sa durée souligne l'ampleur de la bataille.
- Mais de façon burlesque, la bataille devient spectacle : la rumeur attire les spectateurs qui s'empressent d'accourir, ce qui est mis en valeur par la gradation rythmique du vers 7.
- Le fabuliste pastiche le style de l'*Iliade* en donnant à ses personnages des épithètes homériques ; néanmoins les périphrases inscrivent la fable dans la veine héroïcomique.
- La rapidité de la victoire est accentuée par le chiasme qui oppose les deux rivaux.

II. Focalisation sur le vaincu (vers 11 à 18)

1. L'humiliation du vaincu (v. 11-14)

- Le vaincu est mis à l'écart ; la locution prépositionnelle renforce l'idée de chute.
- Cette mise à l'écart est physique et symbolique : les rimes « *retraite* » et « *défaite* » sont significatives.
- Le narrateur adopte le point de vue du vaincu et associe le lexique de la guerre à celui de l'amour.

2. La parodie du héros rend le *pathos* impossible (v. 15-18)

- Le lecteur savoure la parodie du héros tragique en proie au dilemme cornélien (gloire / amour).
- Le fabuliste pastiche le style cornélien en utilisant le pluriel emphatique et redondant, l'anadiplose, la métaphore polysémique de l'amour-feu. Mais en même temps, il réinvestit le triangle amoureux de la comédie galante.
- Le vaincu devient aussi la parodie du héros épique : on retrouve le champ lexical des attributs et des sentiments du guerrier, et l'hypallage traditionnel de la « *jalouse rage* ».
- Mais ce héros reste un animal dont l'action est vaine, comme l'exprime le lexique de l'air.

III. Un sort imprévisible et implacable (vers 19 à 28)

1. La Vanité punie (v. 19-22)

- Le vers 19 témoigne de la présence discrète du fabuliste qui annonce l'imminence du coup de théâtre.
- Le vainqueur, désigné par une métonymie (« *Tout cet orgueil* »), devient l'allégorie de la Vanité.
- Le contraste entre les deux coqs est saisissant, en atteste l'opposition visuelle (Haut/ Bas) et sonore (pleurs / chants).
- La faute suprême (l'orgueil) est mise en valeur par le seul décasyllabe de la fable (vers 20).

- L'ellipse temporelle renforce la soudaineté du coup de théâtre : le vautour devient l'allégorie de la Fortune, dont la cruauté est suggérée par « *l'ongle* ».
- Néanmoins, cette fable illustre une fois de plus la loi du plus fort : l'anthropomorphisme nous invite à une relecture : le vautour ne représente-t-il pas le Puissant ?

2. Retournement de situation : le vaincu couronné (v. 24-28)

- L'adverbe et le champ lexical du retour annoncent le dénouement.
- Le dénouement est construit sur l'opposition des lexiques de la fatalité et de la comédie galante.
- Le fabuliste sollicite la participation du lecteur, invité à imaginer le discours du coq.
- Ce coq, nouveau vainqueur, est néanmoins discrédité par l'ironie : il semble vite oublier l'objet de la querelle (le pluriel « *des femmes en foule* » s'oppose au singulier « *une poule* » du vers 1).

IV. Moralité (vers 29 à 32)

1. Généralisation de l'anecdote (v. 29-30)

- La phrase déclarative résume la fable et met en scène l'allégorie de la Fortune.
- Le propos de la fable est généralisé : l'anecdote du coq s'ouvre sur une réflexion au présent de vérité générale, portant sur « *Tout vainqueur insolent* ».
- La Fontaine dénonce la démesure, la vanité, l'ambition humaine.

2. Mise en garde du fabuliste (v. 31-32)

- Les deux derniers vers sont une mise en garde : le conseil est donné à l'impératif.
- La stratégie argumentative est efficace : on constate l'implication du fabuliste et du destinataire.
- Le moraliste prévient des aléas de la Fortune et souligne le caractère dérisoire car éphémère de toute satisfaction.

Si la gaieté est « *un certain charme, un air agréable qu'on peut donner à toutes sortes de sujets, même les plus sérieux* » (préface de 1668), cette fable en est la parfaite illustration. Au-delà de l'anecdote fictive et plaisante, elle revêt en effet une dimension politique : La Fontaine révèle le caractère éphémère de la paix et dénonce la discorde qui règne entre les hommes et qui tire souvent son origine d'un conflit absurde.

Nicolas Boileau s'est aussi emparé du sujet, faisant intervenir l'actualité littéraire dans la discussion animée, au cours d'un repas, entre deux sots, l'un mû par sa vanité d'écrivain, l'autre par sa suffisance d'homme qui se croit expert en matière de critique littéraire. Cette discussion se transforme rapidement en querelle que Boileau dynamise en utilisant les procédés épiques. La verve héroïcomique conforte la satire des vaniteux que rien n'arrête.

✱ Texte écho

— Il est vrai que Quinault est un esprit profond,
A repris certain fat, qu'à sa mine discrète
Et son maintien jaloux, j'ai reconnu poète ;
Mais il en est pourtant qui le pourraient valoir.
— Ma foi, ce n'est pas vous qui nous le ferez voir,
A dit mon campagnard avec une voix claire,
Et déjà tout bouillant de vin et de colère.
— Peut-être, a dit l'auteur, pâlissant de courroux ;
Mais vous, pour en parler, vous y connaissez-vous ?
— Mieux que vous mille fois, dit le noble en furie.
— Vous ? mon Dieu ! mêlez-vous de boire, je vous prie,
À l'auteur sur-le-champ aigrement reparti.
— Je suis donc un sot, moi ? vous en avez menti,
Reprend le campagnard ; et, sans plus de langage,
Lui jette pour défi son assiette au visage.
L'autre esquive le coup, et l'assiette, volant,
S'en va frapper le mur, et revient en roulant.
À cet affront l'auteur, se levant de la table,
Lance à mon campagnard un regard effroyable,
Et, chacun vainement se ruant entre eux deux,
Nos braves, s'accrochant, se prennent aux cheveux.
Aussitôt, sous leurs pieds les tables renversées
Font voir un long débris de bouteilles cassées :
En vain à lever[1] tout les valets sont fort prompts,
Et les ruisseaux de vin coulent aux environs.

Boileau, *Satires* (1666), « Le repas ridicule » (III, vers 200-224)

1. Enlever.

Les caprices de la mode

« *Une mode a à peine détruit une autre mode, qu'elle est abolie par une plus nouvelle, qui cède elle-même à celle qui la suit, et qui ne sera pas la dernière : telle est notre légèreté* », écrit La Bruyère dans son chapitre consacré à la mode (*Les Caractères*, « De la mode »). La description de ce phénomène permet aux écrivains de réfléchir à une autre forme de vanité : outre son caractère éphémère, la mode révèle en effet la propension à ne se soucier que des apparences.

Dans *Gargantua*, un long chapitre décrit l'habillement du jeune géant, non sans humour. Le narrateur précise dès le début du chapitre 8 que ses vêtements sont « *faits, taillés et cousus selon la mode du moment* ». S'ensuit alors une description minutieuse, marquée comme toujours par l'hyperbole, de l'accoutrement du garçon. Rabelais, s'il ne dénonce pas à proprement parler la mode, porte un regard distant sur ce phénomène, donnant par exemple, par le biais d'Alcofribas Nasier, une interprétation fantaisiste à l'invention des couturières qui la régissent, expliquant l'origine paillarde de la mode des chemises à col froncé, en vogue sous François 1er. Selon lui, la chemise de Gargantua « *n'était point froncée, car la fronçure des chemises n'a été inventée que depuis que les lingères, ayant rompu la pointe de leur aiguille, ont commencé à travailler du cul* » (la partie la plus large de l'aiguille, le chas, s'appelait alors « le cul »). Dans le paragraphe suivant, se rangeant sous l'autorité de M. Haultechaussade – personnage évidemment fictif –, il explique de façon ironique les changements de mode grâce au chiasme : « *C'est alors que les gens commencèrent à attacher les chausses au pourpoint et non le pourpoint aux chausses* ». À travers ce portrait aulique se lit **une satire des élégants** du XVIe siècle, Rabelais allant même jusqu'à railler à la fin du chapitre la nouvelle mode des cheveux courts.

Les caprices de la mode sont magistralement exposés dans les *Lettres persanes*, Montesquieu, grâce au regard étonné de Rica, faisant la **satire de cette société de paraître**.

RICA À RHÉDI

À Venise.

Je trouve les caprices de la mode, chez les Français, étonnants. Ils ont oublié comment ils étaient habillés cet été ; ils ignorent encore plus comment ils le seront cet hiver : mais, surtout, on ne saurait croire combien il en coûte à un mari, pour mettre sa femme à la mode.

Que me servirait de te faire une description exacte de leur habillement et de leurs parures ? Une mode nouvelle viendrait détruire tout mon ouvrage, comme celui de leurs ouvriers ; et, avant que tu eusses reçu ma lettre, tout serait changé.

Une femme qui quitte Paris, pour aller passer six mois à la campagne, en revient aussi antique que si elle s'y était oubliée trente ans. Le fils méconnaît le portrait de sa mère ; tant l'habit, avec lequel elle est peinte, lui paraît étranger : il s'imagine que c'est quelque Américaine qui y est représentée, ou que le peintre a voulu exprimer quelqu'une de ses fantaisies.

Quelquefois les coiffures montent insensiblement, et une révolution les fait descendre tout à coup. Il a été un temps que leur hauteur immense mettait le visage d'une femme au milieu d'elle-même : dans un autre, c'étaient les pieds qui occupaient cette place ; les talons faisaient un piédestal qui les tenait en l'air. Qui pourrait le croire ? Les architectes ont été souvent obligés de hausser, de baisser, et d'élargir leurs portes, selon que les parures des femmes exigeaient d'eux ce changement ; et les règles de leur art ont été asservies à ces caprices. On voit quelquefois, sur un visage, une quantité prodigieuse de mouches ; et elles disparaissent toutes le lendemain. Autrefois, les femmes avaient de la taille et des dents ; aujourd'hui il n'en est pas question. Dans cette changeante nation, quoi qu'en disent les mauvais plaisants, les filles se trouvent autrement faites que leurs mères.

Il en est, des manières et de la façon de vivre, comme des modes : les Français changent de mœurs, selon l'âge de leur roi. Le monarque pourrait même parvenir à rendre la nation grave, s'il l'avait entrepris. Le prince imprime le caractère de son esprit à la cour, la cour à la ville, la ville aux provinces. L'âme du souverain est un moule qui donne la forme à toutes les autres.

De Paris, le 8 de la lune de Saphar 1717.

Montesquieu, *Lettres persanes* (1721), Lettre 99

Pistes de lecture

Dans cette lettre, Montesquieu, grâce à la plume de Rica, met en scène les caprices de la mode française. L'extravagance de la mode est soulignée par la projection du destinataire de la lettre dans une **temporalité vertigineuse**, rendant compte du caractère radical mais éphémère du changement vestimentaire. L'évocation est certes caricaturale, avec par exemple l'image de la mère qui apparaît comme une étrangère, ou le jeu sur les proportions (dans le quatrième paragraphe) provoquant une déformation visuelle grotesque : selon la hauteur des coiffures ou des talons, tantôt le visage, tantôt le pied se trouve au milieu du corps. Personne ne peut échapper au tourbillon de la mode : les femmes, les maris, les architectes, tous se soumettent follement à ses caprices.

Cependant, la **critique de cette société du paraître** se distille tout au long de cette description caricaturale. Le regard extérieur et étranger de Rica, quoiqu'en France depuis cinq ans, confère à cette représentation une certaine lucidité que n'ont plus les Français habitués au phénomène. Si l'étonnement du Persan est plus amusé qu'indigné, la valse des modes permet néanmoins à Montesquieu de décrire ironiquement un monde où l'on s'exhibe, où tout change sans cesse. Dans un tel monde, les mœurs modèlent les règles, et non l'inverse. Le dernier paragraphe bascule vers un sujet plus sérieux : de la même manière que la mode vestimentaire régissait la société, la figure royale détermine le caractère de cette nation soumise.

Ainsi, le regard persan, *a priori* objectif, révèle les travers de la société. Avant Montesquieu, La Bruyère avait aussi emprunté à un étranger son regard neuf pour mieux discuter, interroger voire critiquer le monde des apparences. Dans l'extrait suivant, les mœurs sont la cible de la critique : là encore, derrière le thème de la mode se profile la question politique du despotisme.

Texte écho

L'on parle d'une région où les vieillards sont galants, polis et civils ; les jeunes gens au contraire, durs, féroces, sans mœurs ni politesse : ils se trouvent affranchis de la passion des femmes dans un âge où l'on commence ailleurs à la sentir ; ils leur préfèrent des repas, des viandes, et des amours ridicules. Celui-là chez eux est sobre et modéré, qui ne s'enivre que de vin : l'usage trop fréquent qu'ils en ont fait le leur a rendu insipide ; ils cherchent à réveiller leur goût déjà éteint par des eaux-de-vie, et par toutes les liqueurs les plus violentes ; il ne manque à leur débauche que de boire de l'eau-forte. Les femmes du pays précipitent le déclin de leur beauté par des artifices qu'elles croient servir à les rendre belles : leur coutume est de peindre leurs lèvres, leurs joues, leurs sourcils et leurs épaules, qu'elles étalent avec leur gorge, leurs bras et leurs oreilles, comme si elles craignaient de cacher l'endroit par où elles pourraient plaire, ou de ne pas se montrer assez. Ceux qui habitent cette contrée ont une physionomie qui n'est pas nette, mais confuse, embarrassée dans une épaisseur de cheveux étrangers, qu'ils préfèrent aux naturels et dont ils font un long tissu pour couvrir leur tête : il descend à la moitié du corps, change les traits, et empêche qu'on ne connaisse les hommes à leur visage. Ces peuples d'ailleurs ont leur Dieu et leur roi : les grands de la nation s'assemblent tous les jours, à une certaine heure, dans un temple qu'ils nomment église ; il y a au fond de ce temple un autel consacré à leur Dieu, où un prêtre célèbre des mystères qu'ils appellent saints, sacrés et redoutables ; les grands forment un vaste cercle au pied de cet autel, et paraissent debout, le dos tourné directement au prêtre et aux saints mystères, et les faces élevées vers leur roi, que l'on voit à genoux sur une tribune, et à qui ils semblent avoir tout l'esprit et tout le cœur appliqués. On ne laisse pas de voir dans cet usage une espèce de subordination ; car ce peuple paraît adorer le prince, et le prince adorer Dieu. Les gens du pays le nomment ***; il est à quelque quarante-huit degrés d'élévation du pôle, et à plus d'onze cents lieues de mer des Iroquois et des Hurons.

La Bruyère, *Les Caractères* (1688), « De la Cour » (VIII, § 74)

Lecture cursive : Voltaire, *Micromégas* (1752)

Présentation de *Micromégas*

Les contextes d'écriture

Voltaire, de son vrai nom François-Marie Arouet (1694-1778), affirme très tôt un goût pour l'insolence et l'irrespect qui lui vaudront, en 1717, un emprisonnement de onze mois à la Bastille – en raison de vers satiriques contre le Régent Philippe d'Orléans. Tenté par le théâtre, il connaît le succès avec sa tragédie *Œdipe* (1718). À la suite d'une altercation avec le chevalier de Rohan, Voltaire est à nouveau emprisonné à la Bastille et s'exile en Angleterre de 1726 à 1729 : il découvre avec beaucoup d'enthousiasme le pays de la monarchie constitutionnelle et le rationalisme pratique des philosophes anglais.

Écrivain reconnu, grâce à son épopée sur les guerres de religion intitulée *La Henriade* (1728), les *Lettres philosophiques* (1734), qui sont sa première charge contre l'Ancien Régime, provoquent un scandale ; Voltaire, menacé d'embastillement, se réfugie dans le château de Cirey chez son amie la marquise du Châtelet. C'est à cette époque, marquée par une curiosité intellectuelle notamment dans le domaine des sciences, qu'il compose la première version de ce qui deviendra *Micromégas,* mais qui ne sera publiée qu'en 1752, à Londres.

Micromégas est un conte philosophique inspiré à la fois de l'*Histoire comique des États et Empires de la Lune* de Cyrano de Bergerac (1657), des *Entretiens sur la pluralité des mondes* de

Fontenelle (1686), et des *Voyages de Gulliver* de Swift (1726). Dans une lettre adressée à Frédéric II de Prusse, Voltaire justifie son entreprise, qualifiant son récit de « *fadaise philosophique qui ne doit être lue que comme on se délasse d'un travail sérieux avec les bouffonneries d'Arlequin.* [Le lecteur] *y verra au moins un petit article plein de vérité sur les choses de la terre.* »

Résumé du conte philosophique

Habitant de la planète Sirius, Micromégas est un géant mesurant environ quarante kilomètres de haut, à la fois savant, géomètre et naturaliste. Ses travaux scientifiques et philosophiques contraignent le géant, confronté aux autorités religieuses, à s'exiler (chapitre 1). Arrivé sur la planète Saturne, il rencontre le secrétaire de l'Académie : les deux personnages s'adonnent à un dialogue philosophique, échangent leurs points de vue sur les proportions de l'univers et décident d'entreprendre un voyage philosophique (chapitre 2). Leur périple intersidéral leur permet d'observer l'univers (chapitre 3) et les conduit sur la Terre, planète qui leur semble inhabitée (chapitre 4). Grâce à un diamant du collier de Micromégas qui va leur servir de microscope, les deux amis posent un regard d'entomologiste[1] sur les espèces qu'ils découvrent : des baleines puis des voyageurs lancés dans une expédition au cercle polaire (chapitres 4 et 5). Pour s'entretenir avec ces derniers, Micromégas confectionne, grâce à son ongle coupé, un cornet acoustique lui permettant d'apprécier l'intelligence des Terriens dans le domaine scientifique (chapitre 6). Néanmoins, le Sirien et le Saturnien passent de l'admiration à la pitié lorsque les Terriens leur rapportent la violence qui règne sur leur planète. Cette pitié se mue en moquerie lorsqu'ils abordent les questions de métaphysique, l'échange se concluant même par un éclat de rire « *inextinguible* ». Certains de l'orgueil des Terriens, les géants décident de partir, en leur offrant néanmoins un livre de sagesse qui devrait contenir un savoir absolu. Apporté à l'Académie des sciences située à Paris, ce livre est ouvert mais ne contient que des pages blanches (chapitre 7).

1. Un entomologiste est un spécialiste de l'étude des insectes.

Le gigantisme, source du comique

À l'instar de Pantagruel, Gargantua ou Gulliver, Micromégas est un géant dont le nom annonce déjà la dialectique entre le grand, μεγας [*mégas*] et le petit, μικρός [*micros*].

Grâce au motif folklorique du gigantisme, Voltaire s'autorise toutes les fantaisies et exploite les **effets comiques du grossissement de la réalité à l'échelle gigantesque**. Ainsi, dès le premier chapitre, le narrateur insiste de façon redondante sur la hauteur du héros : « *Il avait huit lieues de haut : j'entends, par huit lieues, vingt-quatre mille pas géométriques de cinq pieds chacun.* [...] *Micromégas, habitant du pays de Sirius, a de la tête aux pieds vingt-quatre mille pas, qui font cent vingt mille pieds de roi.* ». Dans cette logique, la ceinture du héros « *peut avoir cinquante mille pieds de roi de tour : ce qui fait une très jolie proportion.* » De plus, comme dans *Gargantua*, le paragraphe consacré à l'éducation du géant met en exergue la durée qui s'étire à l'infini : « *il n'avait pas encore deux cent cinquante ans, et il étudiait, selon la coutume, au collège des jésuites de sa planète* » (clin d'œil ironique au collège des jésuites dans lequel étudia Voltaire) ; « *Vers les quatre cent cinquante ans, au sortir de l'enfance, il disséqua beaucoup de ces petits insectes* » ; le procès que lui intente le muphti dure « *deux cent vingt ans* » et Micromégas est condamné à « *ne paraître à la cour de huit cents années.* ». Le deuxième chapitre poursuit sur cette lancée en mettant en scène un deuxième géant, quoique considéré comme un « *nain* » puisque ne mesurant que « *six mille pieds de haut* ». Les deux géants comparent alors leurs univers : aux soixante-douze sens du Saturnien s'opposent les mille sens du Sirien ; la durée de vie du Sirien est sept cent fois supérieure à celle du Saturnien, qui est pourtant de « *quinze mille ans* ».

Ce comique de grossissement entretient donc **le comique de disproportion renforcé par le contraste entre le macrocosme le microcosme**. En effet, la Terre et ses habitants sont vus par les géants comme un microcosme : à la fin du chapitre 3, les géants, dont le regard extérieur n'est pas sans rappeler celui de l'ingénu cher aux philosophes des Lumières, « *aperçurent une petite lueur : c'était la terre : cela fit pitié à des gens qui venaient de Jupiter* ». S'ensuit la description d'un univers infiniment petit : la Méditerranée est comparée à une « *mare* », les océans à un « *petit étang* », la terre à une « *taupinière* » et les montagnes à de « *petits grains pointus* » (chapitre 4). Quant aux êtres vivants, ils sont imperceptibles sans l'aide du microscope. Aux yeux des géants, les hommes sont des « *insectes* », des « *mites* », des « *atomes* » (chapitre 6) et appartiennent à l'univers de l'infinitésimal.

L'écart, certes caricatural, entre les trois univers (Sirius, Saturne, Terre) produit **un comique de situation**, tel qu'au chapitre 6, Micromégas voulant communiquer avec les Terriens :

> Et aussitôt il tira une paire de ciseaux dont il se coupa les ongles, et d'une rognure de l'ongle de son pouce il fit sur-le-champ une espèce de grande trompette parlante comme un vaste entonnoir, dont il mit le tuyau dans son oreille. La circonférence de l'entonnoir enveloppait le vaisseau et tout l'équipage. La voix la plus faible entrait dans les fibres circulaires de l'ongle ; de sorte que grâce à son industrie le philosophe de là-haut entendit parfaitement le bourdonnement de nos insectes de là-bas. En peu d'heures il parvint à distinguer les paroles, et enfin à entendre le français. Le nain en fit autant, quoique avec plus de difficulté. L'étonnement des voyageurs redoublait à chaque instant. Ils entendaient des mites parler d'assez bon sens : ce jeu de la nature leur paraissait inexplicable. Vous croyez bien que le Sirien et son nain brûlaient d'impatience de lier conversation avec les atomes : il craignait que sa voix de tonnerre, et surtout celle de Micromégas, n'assourdît les mites sans en être entendue. Il fallait en diminuer la force. Ils se mirent dans la bouche des espèces de petits cure-dents, dont le bout fort effilé venait donner auprès du vaisseau. **Le Sirien tenait le nain sur ses genoux, et le vaisseau avec l'équipage sur un ongle**.

Parodie et satire

✱ La censure

Si la préciosité du secrétaire (caricature de Fontenelle ? [1]), l'inconstance de la femme[2] ou la vanité de quelques savants[3] constituent les cibles de l'ironie voltairienne, c'est avant tout **le monde des censeurs** qu'attaque l'écrivain dans son conte philosophique. En effet, dès le premier chapitre, le narrateur explique les origines du voyage de Micromégas qui préfère s'exiler après avoir subi la censure, ce qui nous autorise à faire plusieurs rapprochements avec l'exil de Voltaire lui-même :

---

1. Au chapitre 2, le Sirien méprise le langage fleuri et imagé du Saturnien qui n'est pas sans rappeler celui de Fontenelle, dans son *Entretien sur la pluralité des mondes* (1686).
2. Au chapitre 3, Voltaire reprend le *topos* romanesque du dépit amoureux qu'il détourne à des fins comiques. Au discours larmoyant et emphatique de la maîtresse du Saturnien, laquelle se lamente sur son sort en accusant d'ingratitude ce dernier, répond le commentaire ironique du narrateur : « *Le philosophe l'embrassa, pleura avec elle, tout philosophe qu'il était, et la dame, après s'être pâmée, alla se consoler avec un petit-maître du pays.* »
3. Pascal est qualifié de « *géomètre assez médiocre* », « fort mauvais métaphysicien » (ch. 1) ; les affirmations de Derham, savant anglais qui avait prétendu voir le paradis grâce à sa lunette astronomique, ou de Castel au sujet de deux lunes dont il a nié l'existence, sont démenties aux chapitres 1 et 2.

> […] il en composa un livre fort curieux, mais qui lui fit quelques affaires. Le muphti[1] de son pays, grand vétillard et fort ignorant, trouva dans son livre des propositions suspectes, malsonnantes, téméraires, hérétiques, sentant l'hérésie, et le poursuivit vivement […]. Micromégas se défendit avec esprit ; il mit les femmes de son côté ; le procès dura deux cent vingt ans. Enfin le muphti fit condamner le livre par des jurisconsultes qui ne l'avaient pas lu, et l'auteur eut ordre de ne paraître à la cour de huit cents années.
>
> Il ne fut que médiocrement affligé d'être banni d'une cour qui n'était remplie que de tracasseries et de petitesses. Il fit une chanson fort plaisante contre le muphti, dont celui-ci ne s'embarrassa guère ; et il se mit à voyager de planète en planète, pour achever de se former l'esprit et le cœur, comme l'on dit.

Le muphti tourné en dérision dans cette caricature représente à la fois l'intolérance religieuse et la censure, thèmes chers à Voltaire ; les jurisconsultes quant à eux s'illustrent par leur incompétence et leur soumission au muphti, condamnant le livre sans même l'avoir lu. La vision que porte Micromégas sur ce monde de vacuité est proche de la vision voltairienne, et l'on entend aisément la voix du philosophe condamnant amèrement son propre bannissement – Voltaire semble même faire discrètement allusion aux femmes qui se sont montrées protectrices envers lui, telle que Madame du Châtelet. La réponse de Micromégas, « *une chanson fort plaisante* », peut dans cette perspective acquérir une dimension métatextuelle. Le chapitre 3 poursuit la critique, le narrateur blâmant les inquisiteurs « *qui ont trouvé quelques propositions un peu dures* » dans les travaux des deux géants.

La guerre

De plus, la rencontre avec les Terriens est l'occasion rêvée de faire la satire d'un monde qui n'est qu'« *un assemblage de fous, de méchants, et de malheureux* » selon l'un des philosophes et contrairement à ce que croit Micromégas qui pense avoir atteint le

1. Un *muphti* est un religieux chargé de faire respecter la loi musulmane.

monde idéal. Dans cet épisode, le philosophe oppose au discours enthousiaste du géant un **réquisitoire contre la violence de la guerre** (chapitre 7) :

> « [...] Savez-vous bien, par exemple, qu'à l'heure que je vous parle, il y a cent mille fous de notre espèce, couverts de chapeaux, qui tuent cent mille animaux couverts d'un turban, ou qui sont massacrés par eux[1], et que, presque par toute la Terre, c'est ainsi qu'on en use de temps immémorial ? »
>
> Le Sirien frémit et demanda quel pouvait être le sujet de ces horribles querelles entre de si chétifs animaux.
>
> « Il s'agit, dit le philosophe, de quelque tas de boue grands comme votre talon. Ce n'est pas qu'aucun de ces millions d'hommes qui se font égorger prétende un fétu sur ces tas de boue. Il ne s'agit que de savoir s'il appartiendra à un certain homme qu'on nomme *Sultan,* ou à un autre qu'on nomme, je ne sais pourquoi, *César*. Ni l'un ni l'autre n'a jamais vu ni ne verra jamais le petit coin de Terre dont il s'agit, et presque aucun de ces animaux qui s'égorgent mutuellement n'a jamais vu l'animal pour lequel ils s'égorgent.
>
> — Ah, malheureux ! s'écria le Sirien avec indignation, peut-on concevoir cet excès de rage forcenée ? Il me prend envie de faire trois pas, et d'écraser de trois coups de pied toute cette fourmilière d'assassins ridicules.
>
> — Ne vous en donnez pas la peine, lui répondit-on ; ils travaillent assez à leur ruine. Sachez qu'au bout de dix ans, il ne reste jamais la centième partie de ces misérables ; sachez que, quand même ils n'auraient pas tiré l'épée, la faim, la fatigue ou l'intempérance les emportent presque tous. D'ailleurs, ce n'est pas eux qu'il faut punir : ce sont ces barbares sédentaires qui, du fond de leur cabinet, ordonnent, dans le temps de leur digestion, le massacre d'un million d'hommes, et qui ensuite en font remercier Dieu solennellement. »

1. Allusion à la guerre qui opposa l'empire russe et l'Autriche à l'empire ottoman (1736-1739).

Malgré la représentation burlesque des guerres, ces dernières sont condamnées fermement par le philosophe. Le **regard extérieur et faussement naïf** de Micromégas (qui « *frémit* » puis est indigné) sert à la satire, le Sirien se sentant une âme de justicier et remettant l'homme à sa place microscopique dans l'univers. Les combattants, certes caricaturés et ne se distinguant les uns des autres que par leurs couvre-chefs, sont déshumanisés et s'autodétruisent sur le champ de bataille, théâtre d'un véritable carnage. Comme dans *Gargantua*, **les raisons du conflit sont minimisées** et tournées en ridicule : les soldats se battent pour « *quelques tas de boue* ». L'impérialisme des dirigeants est tourné en dérision par le philosophe qui fait ressortir l'absurdité du conflit : ce territoire n'a jamais été vu et ne sera jamais vu par aucun des deux chefs. Finalement, Voltaire ne fait pas tant la dénonciation des combattants, qualifiés de « *misérables* », que celle des responsables de la guerre. La dernière phrase de l'extrait est particulièrement virulente dans **l'attaque des monarques et des ministres**, « *barbares sédentaires* » vivant dans le confort, contrairement aux troupes massacrées. L'ironie culmine avec l'évocation finale des remerciements solennels à Dieu. Le discours du philosophe constitue donc en lui-même un apologue grâce auquel Voltaire dénonce la folie meurtrière de l'homme, et particulièrement la guerre de conquête territoriale.

La métaphysique

Enfin, Voltaire se plaît à dénigrer la métaphysique en mettant en scène, au chapitre 7, des philosophes métaphysiciens dans une **parodie de débat au sujet de l'âme.** Si les humains se révèlent, dans un premier temps, performants dans certains sujets scientifiques, comme la géométrie, l'astronomie ou la physique, la deuxième partie de l'interrogatoire mené par Micromégas et portant sur l'âme est un désastre. Non seulement les humains ne parviennent pas à se mettre d'accord, chacun se mettant sous l'autorité de philosophes tels Aristote, Descartes, Malebranche, Leibniz ou Locke, mais leurs réponses font état de leur pédanterie, de sorte qu'ils perdent toute crédibilité. Le premier cite Aristote en grec sans en saisir le sens, ce qui lui vaut la qualification de « *mite philosophique* », et s'en justifie ainsi : « *il faut bien citer ce qu'on ne comprend point du tout dans la langue qu'on entend le moins.* » Chaque pensée philosophique est caricaturée en quelques phrases ; d'un ton péremptoire, « *le sage de Sirius* » fait taire chacun des Terriens. Seul le disciple de Locke échappe à la satire, ce qui n'est pas étonnant étant donné que le philosophe anglais fut un précurseur du mouvement des Lumières. En effet, ce « *sectateur* » qui « *n'affirme rien* [mais se] *contente de croire qu'il y a plus de choses possibles qu'on ne pense* », obtient la faveur du géant, ce que le narrateur met en évidence grâce à la litote : « *il ne trouva pas celui-là le moins sage* ».

L'attaque finale contre la pensée de Saint Thomas constitue **l'apogée de la critique** voltairienne. Le « *petit animalcule en bonnet carré* » qui soutient **l'anthropocentrisme**[1] – « *leurs personnes, leurs mondes, leurs soleils, leurs étoiles, tout était fait uniquement pour l'homme* » – provoque l'hilarité des géants : « *À ce discours, nos deux voyageurs se laissèrent aller l'un sur l'autre en étouffant de ce rire inextinguible qui, selon Homère, est le partage des dieux ; leurs épaules et leurs ventres allaient et venaient, et dans ces convulsions le vaisseau, que le Sirien avait sur son ongle, tomba dans une poche de la culotte du Saturnien.* » La culbute finale des voyageurs est symbolique : de tels penseurs ne méritent qu'un sort risible.

Le conte se conclut sur la déception de Micromégas, constatant « *l'orgueil presque infiniment grand* » des « *infiniment petits* ». La réponse du géant est là encore symbolique : si Micromégas ne peut leur offrir qu'un « **livre tout blanc** », c'est précisément parce que le savoir absolu n'existe pas.

Une « *fadaise philosophique* »

« *Je ne veux point qu'on me plaise, répondit le voyageur ; je veux qu'on m'instruise* », prévenait Micromégas au chapitre 2 : le conte voltairien, sous couvert du rire, aborde des questions sérieuses.

1. L'anthropocentrisme est une conception philosophique qui consiste à faire de l'homme le centre de l'univers.

Enthousiasme pour les découvertes scientifiques

Micromégas, présenté d'emblée comme un savant mû par une curiosité intellectuelle, est un **disciple de Newton**[1]. En effet, ce « *bon observateur* » maîtrise « *merveilleusement les lois de la gravitation et toutes les forces attractives et répulsives* » (chapitre 1) dont il se sert pour voyager de planète en planète. Le géant ne se contente pas de porter un regard scientifique et mathématique sur le monde : il ne cesse d'engager des débats philosophiques, tantôt avec le Saturnien, tantôt avec les Terriens. Son enthousiasme, proche d'une **ivresse cosmique**, le conduit à remercier « *l'auteur de la nature. Il a répandu sur cet univers une profusion de variétés, avec une espèce d'uniformité admirable* » (chapitre 2).

À l'instar du géant, le conteur fait plusieurs allusions aux **découvertes scientifiques** de l'époque des Lumières : conformément aux récentes recherches astronomiques, « *Saturne n'est guère que neuf cents fois plus gros que la Terre* » (chapitre 1) et se situe à « *cent cinquante millions de lieues* » de notre planète (chapitre 3). Il fait aussi référence à Huygens[2], « *un illustre habitant de notre petit globe* » lorsqu'il mentionne l'anneau de Saturne au chapitre 3, et reprend les analyses de Halley[3] au sujet des comètes (chapitres 1 et 3). Au chapitre 5, alors que les géants observent les humains à l'aide de leurs microscopes, leur « *si étonnante découverte* » est comparée à celle de Leeuwenhoek et Hartsoeker[4], lesquels avaient observé les spermatozoïdes. L'enthousiasme de Voltaire, qui rejoint celui des philosophes des Lumières, célèbre les nombreuses découvertes qui sont le fruit d'un examen attentif, minutieux et patient du monde.

1. Isaac Newton (1642-1727) est un mathématicien, physicien, philosophe et astronome anglais, auquel Voltaire a consacré un essai publié en 1738 : *Éléments de la philosophie de Newton.*
2. Christian Huygens (1629-1695) est un physicien hollandais qui a découvert les anneaux de Saturne.
3. Edmond Halley (1656-1742) est un astronome et ingénieur britannique, reconnu pour ses travaux sur les comètes.
4. Antonie Van Leeuwenhoek (1632-1723) et Nicolas Hartsoeker (1656-1725) sont deux savants hollandais qui, au cours de leurs recherches portant sur les éléments microscopiques, ont découvert et observé les spermatozoïdes.

Curiosité intellectuelle et démarche empirique[1]

Micromégas fait sienne la démarche prônée dans l'*Essai sur l'entendement humain* (1689) du philosophe empiriste John Locke. En effet, le géant, disciple de Locke, revendique une démarche scientifique pour appréhender le réel. S'il se lance dans un « *petit voyage philosophique* », c'est précisément dans l'objectif de faire l'expérience du monde et d'en tirer des conclusions. Le philosophe voyageur porte un **regard empirique sur le monde** : dans cette logique, l'être humain devient un insecte à observer, au même titre que ceux qu'il disséquait sur sa planète. Cette démarche, qui établit un lien de causalité entre l'observation du réel et le raisonnement, est au cœur de l'enquête à laquelle s'adonnent les deux géants une fois arrivés sur terre, comme l'énonce clairement du reste le Saturnien : « *Il faut tâcher d'examiner ces insectes, nous raisonnerons après* » (chapitre 6). L'hypothèse doit donc être le fruit d'un raisonnement conçu à partir de l'observation du réel. L'examen, méthodique et patient, questionne nécessairement l'impression de départ. Ainsi, les voyageurs pensent d'abord que la planète est inhabitée, au chapitre 4 :

> Ils firent tout ce qu'ils purent en allant et en revenant dessus et dessous pour tâcher d'apercevoir si ce globe était habité ou non. Ils se baissèrent, ils se couchèrent, ils tâtèrent partout ; mais, leurs yeux et leurs mains n'étant point proportionnés aux petits êtres qui rampent ici, ils ne reçurent pas la moindre sensation qui pût leur faire soupçonner que nous et nos confrères les autres habitants de ce globe avons l'honneur d'exister.
>
> Le nain, qui jugeait quelquefois un peu trop vite, décida d'abord qu'il n'y avait personne sur la Terre. Sa première raison était qu'il n'avait vu personne. Micromégas lui fit sentir poliment que c'était raisonner assez mal :
>
> « Car, disait-il, vous ne voyez pas avec vos petits yeux certaines étoiles de la cinquantième grandeur que j'aperçois très distinctement ; concluez-vous de là que ces étoiles n'existent pas ?
>
> — Mais, dit le nain, j'ai bien tâté.
>
> — Mais, répondit l'autre, vous avez mal senti.

1. L'empirisme est une théorie selon laquelle les connaissances de l'esprit sont le fruit de l'expérience.

Ce n'est qu'après leur examen minutieux, grâce au microscope, qu'ils constatent la présence d'une baleine, puis d'un vaisseau qu'ils prennent d'abord pour un animal. Ensuite, « *tout doucement* », « *fort adroitement* », et avec une « *adresse merveilleuse* » (chapitre 5), ils se montrent soucieux d'observer et d'écouter attentivement les humains, inventent même un stratagème pour communiquer avec eux. Leur analyse se fait donc à partir des données de l'expérience concrète. **Porte-parole de la philosophie des Lumières**, Micromégas refuse les préjugés, cherche à comprendre de façon objective et adopte pour ce faire une attitude intellectuelle qui interroge.

Plaidoyer pour le relativisme[1]

Le conte a donc bel et bien une portée philosophique puisqu'il appelle à une réflexion sur **la relativité des points de vue**, réflexion amorcée dès la rencontre du géant de Sirius et du « *nain* » de Saturne, le premier admettant « *qu'un être pensant peut fort bien n'être pas ridicule pour n'avoir que six mille pieds de haut* » (chapitre 1). La leçon est progressive, et si Micromégas se montre au départ supérieur et arrogant, il conclut au chapitre 6, après avoir estimé l'intelligence des humains, « *qu'il ne faut juger de rien sur sa grandeur apparente* ». Le point de vue surplombant du géant autorise la prise de distance capable de relativiser les opinions, mais qui reste étrangère aux hommes, comme le regrette le narrateur au chapitre 1 : « *nous autres, sur notre petit tas de boue, nous ne concevons rien au-delà de nos usages.* »

En corollaire, cette réflexion questionne **la place de l'homme dans l'univers.** Non seulement Voltaire critique avec virulence l'anthropocentrisme, mais il ne cesse de rappeler à l'homme ses limites, d'où son désir évident d'inscrire les rapports de proportion au cœur de sa prose : l'homme n'est qu'un « *atome* » dans l'univers, son savoir ne peut être absolu. Dans cette perspective, le « *livre tout blanc* » matérialise non seulement le refus du didactisme, mais surtout l'incomplétude de l'homme, incapable d'accéder au « *bout des choses* », à la connaissance absolue.

1. Le relativisme est une doctrine qui, admettant la relativité de la connaissance humaine, affirme qu'il n'existe pas de savoir absolu.

Entraînement et corrigés

Dissertation (pour la série générale)

Proposition de sujets

« *Pourquoi une œuvre comique devrait-elle avoir une autre justification que celle de provoquer l'hilarité ? Puisqu'il existe, à n'en pas douter, un art du rire, cet art se limite, définitivement et absolument, à l'art de faire rire ; et leurs plus grands artistes, admirables en proportion de leur savoir-faire comme pour toutes les autres formes d'art, sont juste ceux qui font rire le plus.* »

Alain Vaillant, *La Civilisation du rire*, 2016

► **L'art du rire se limite-t-il à l'art de faire rire ? Vous répondrez en vous appuyant sur votre lecture de *Gargantua*, ainsi que sur vos connaissances culturelles et vos lectures personnelles.**

« *S'il* [Rabelais] *s'amuse à récolter des listes invraisemblables de contes, de jeux, de chants et danses, de jurons, de plaisanteries d'ivrognes ou d'oraisons jaculatoires, c'est certainement avec l'intention de faire partager à son lecteur un éclat de rire, cet accès irrépressible qui secoue l'intelligence lorsqu'elle s'aperçoit avec un ravissement narquois de la bêtise* hénaurme [énorme] *qui est celle de ses contemporains* [...] »

Guy Demerson, « Géant de *Chroniques* et géants de *Chronique*. Rabelais entre Jean Bouchet et Érasme », 1993

► **En quoi l'éclat de rire d'un écrivain peut-il secouer l'intelligence du lecteur ? Vous répondrez en vous appuyant sur votre lecture de *Gargantua*. Votre réflexion pourra également s'ouvrir à d'autres œuvres que vous avez découvertes dans le cadre du parcours « Rire et Savoir ».**

Analysant l'esprit rabelaisien, Gabriel-André Pérouse écrit que « *le refus des conformismes s'y manifeste par le jubilant désir d'égarer le lecteur raisonneur. Pour cela tous les coups sont bons, comme au jeu de massacre : outrances et invraisemblances... Tout y est gratuité, tout peut y devenir subversion* ».

Gabriel-André Pérouse, *Nouvelles françaises du* XVIe *siècle : images de la vie du temps*, 1977

▶ **En quoi le rire peut-il être à la fois gratuit et subversif ? Pour répondre à cette question, vous vous appuierez sur l'œuvre au programme, *Gargantua*, et sur son parcours associé : « Rire et Savoir ».**

Commentant l'ambiguïté de l'écriture rabelaisienne, Gérard Defaux écrit : « *Rien au fond n'est plus déroutant et insaisissable que la pensée d'un homme qui refuse de se prendre au sérieux – d'un homme qui refuse de faire la moindre différence entre le rire et le sérieux.* »

Gérard Defaux, Préface de *Gargantua*, 1994

▶ **Le rire nuit-il à la transparence du savoir ? Vous répondrez à cette question dans un développement argumenté qui s'appuiera sur votre lecture de *Gargantua* et qui rendra compte des enjeux du parcours « Rire et Savoir ».**

Dissertation intégralement rédigée

Sujet

« *Un rire désormais victorieux y balaie sans résistance le vieux roi, le vieux monde, la vieille année. Rabelais, en fidèle disciple d'Érasme, y dit son mot sur tout* [...]. *Certes conscient des dangers que ses propos lui font courir, mais décidé, comme frère Jean, à agir et à payer de sa personne. Envisagé sous cet angle, le* Gargantua *est élan, volonté déclarée de changement.* »

Gérard Defaux, Préface de *Gargantua*, 1994

▶ **Dans quelle mesure le rire d'un écrivain est-il victorieux ? Vous organiserez votre réflexion en prenant appui sur *Gargantua* et son parcours associé « Rire et Savoir ».**

« *On cherche les rieurs, et moi je les évite* » : si La Fontaine se méfie du rire grossier et inapte à forger la réflexion du lecteur, il réhabilite pourtant dans ses *Fables* (1668-1694) la figure du rieur spirituel, ce « *Fou qui vend la sagesse* » (IX, 8), métaphore du fabuliste lui-même. Ainsi, la folie et la sagesse, le rire et le sérieux, la déraison et la raison seraient liés de façon inextricable. C'est dans cette logique que Gérard Defaux commente le roman de Rabelais, *Gargantua* (1534) : « *Un rire désormais victorieux y balaie sans résistance le vieux roi, le vieux monde, la vieille année. Rabelais, en fidèle disciple d'Érasme, y dit son mot sur tout* [...]. *Certes conscient des dangers que ses propos lui font courir, mais décidé, comme frère Jean, à agir et à payer de sa personne. Envisagé sous cet angle, le* Gargantua *est élan, volonté déclarée de changement.* »

Selon Gérard Defaux, le rire rabelaisien s'attacherait à épousseter la vieillesse, donnant un coup de balai magistral en vue de proposer un nouveau mode de pensée. Rabelais s'inscrirait ainsi dans la lignée des humanistes, traitant de l'éducation, de la politique ou de la religion. Son œuvre serait alors subversive et par conséquent confrontée au risque de la censure. L'analogie à Frère Jean est significative : tel le moine, Rabelais se battrait sans mesure, ferait rire par son mépris des convenances, mais son rire, en dépit de tous ses détracteurs, serait « *victorieux* ».

Pourtant, l'éclat de rire, aussi immense et aussi littéraire soit-il, n'est pas exempt d'ambiguïté et comporte de nombreuses failles. En effet, le rire est souvent équivoque et laisse le lecteur perplexe : de qui rit-on au juste ? Faut-il nécessairement appréhender le rire comme un masque servant la critique sociale ? Dès son prologue, Alcofribas Nasier prévient le lecteur de se méfier de l'herméneutique ; l'interprétation univoque étant déconseillée, n'y-a-t-il pas un risque à faire rire le lecteur ? Dans quelle mesure le rire d'un écrivain est-il victorieux ?

Ce questionnement nous invite à analyser en quoi tout écrivain revendiquant le rire au fondement de son esthétique suspend non seulement le jugement du lecteur mais le sens lui-même, cette « défaite » étant nécessaire à l'appréhension d'une œuvre jubilatoire.

Certes, le rire littéraire peut être considéré comme un rire victorieux. Néanmoins, le rire peut nuire à la transparence du savoir, entraînant la confusion du sens. Quoi qu'il en soit, le rire et le sérieux s'associent pour créer une œuvre jubilatoire.

Comme le soutient Gérard Defaux à propos de Rabelais, il convient d'envisager le rire de l'écrivain comme étant victorieux. Rire de tout, rire pour savoir, rire pour changer : tels sont les enjeux d'un rire surplombant, permettant à l'écrivain de « *di*[re] *son mot sur tout* ».

Tout d'abord, le rire de pensée semble n'épargner personne ; la folie et la dérision s'inscrivent au cœur de l'écriture, de sorte que nous sommes invités à rire de tout. L'éclat de rire provoqué permet au lecteur de savourer non seulement l'audace, mais surtout le génie satirique de l'écrivain. En effet, dans *Gargantua*, la parodie et la satire fondent l'esthétique rabelaisienne. Usant à loisir de la parodie du mythe, du roman de chevalerie ou de l'épopée, Rabelais subvertit dans son roman un certain nombre de motifs, mêlant héroïcomique et burlesque de façon ostentatoire. Ainsi, dans la lignée des héros mythologiques, Gargantua sort de l'oreille de sa mère mais ses premiers mots – « *À boire ! à boire ! à boire !* » – ou sa propension à « *conch*[ier] *à toute heure, car il était merveilleusement flegmatique des fesses* » (ch. 7) l'éloignent du héros traditionnel. Toutes les cibles de l'attaque rabelaisienne sont traitées par le rire : l'éducation que Gargantua reçoit dans un premier temps parodie l'enseignement sophiste, les combats menés par l'armée de Picrochole parodient la guerre offensive, les préceptes religieux inculqués à l'enfant parodient la religion catholique. Les victimes de la satire foisonnent à outrance dans une œuvre proche de la caricature. Cette technique de la caricature est un moyen efficace pour fustiger les travers humains ou les mœurs : La Bruyère ou Montesquieu s'en souviendront, le premier usant du procédé pour mieux dénoncer l'incivilité et l'égoïsme dans le portrait qu'il fait de Gnathon (*Les Caractères,* 1688), le second caricaturant la mode et ses conséquences dans la lettre 99 des *Lettres persanes* (1721). Dans cette perspective, le rire est un stratagème efficace pour contourner la censure.

Néanmoins, ce rire n'est pas gratuit : la dérision sous-tend le didactisme et l'enseignement, ce qui a été superbement résumé par la formule de La Fontaine : « *Je me sers d'animaux pour instruire les hommes* ». Avant lui, Rabelais s'est servi, non pas d'animaux, mais de géants pour instruire les hommes. En effet, emprunté au folklore, le gigantisme n'est qu'un prétexte : dès le prologue, le lecteur averti doit chercher à « *rompre l'os* », à ouvrir les Silènes, à briser la façade comique et grotesque, étant assuré de trouver « *une céleste et inappréciable drogue* ». L'œuvre de Rabelais, malgré son caractère parfois fantasque, est profondément cohérente, formant un « *jeu d'écriture en miroir* » selon Defaux. En effet, les nombreux échos et les motifs binaires créent des effets de connivence avec le lecteur, ce dernier appréciant mieux l'invention par le décalage. L'architecture du roman repose sur une opposition massive et les personnages fonctionnent en diptyque. Jouant sur les effets de miroir inversé, l'éducation risible et délétère de Maître Thubal Holoferne ou de Maître Jobelin Bridé, « *vieux tousseux* », sert de faire-valoir à l'éducation humaniste de Ponocrates, « le travailleur ». Si la première conduit au désastre, le savoir livresque étant proprement inutile puisque Gargantua, face à Eudémon, est incapable de proférer une parole intelligible et se met à « *pleurer comme une vache* » (ch. 15), la seconde au contraire s'attache à former un gentilhomme. De même, à l'épopée bouffonne caractérisant la guerre offensive menée par Picrochole, homme mû par une fureur guerrière, s'oppose le pacifisme de Grandgousier, lequel invite son fils à mener une guerre défensive pour protéger ses sujets (ch. 29). Si les pratiques du catholicisme, à savoir les litanies, les prières machinales, les pèlerinages, le culte des reliques, sont tournées en dérision et rabaissées au rang de vulgaires superstitions, c'est pour mieux prôner une religion engageant une relation personnelle et sincère avec Dieu. Le rire sert donc à la morale, qu'elle soit plus ou moins explicite. Par ailleurs, La Fontaine et Montesquieu partagent cette conception du rire : la fable héroïcomique « Les Deux Coqs » (VII, 13) s'ouvre sur une réflexion au sujet de la vanité et met en garde le lecteur contre les aléas de la Fortune. La caricature de la mode aboutit chez Montesquieu à une remarque sur la monarchie absolue : comme la mode, la figure royale détermine le caractère de la France, nation soumise. Le rire permet donc à l'écrivain d'engager la réflexion du lecteur.

Mais la réflexion doit quant à elle provoquer le changement des mœurs. La métaphore du balai utilisée par Defaux explicite la « *volonté déclarée de changement* » propre aux écrivains-rieurs. Tel le médecin qui « *purgea canoniquement* » le cerveau de Gargantua pour le nettoyer de « *toute corruption et de toute perverse habitude* » (ch. 23), les auteurs engagés « purgent » le cerveau de leur lecteur et proposent un idéal de pensée en rapport avec les préoccupations de leurs temps. « *Fidèle disciple d'Érasme* », Rabelais prône une éducation humaniste et un idéal évangélique qui aboutiront à la création d'une utopie. En effet, Thélème peut se lire comme la réponse au monde ancien : y sont exclus, comme l'énonce Defaux, « *le vieux roi* » Picrochole et « *le vieux monde* » des « *Sorbonnagres* ». Conçue à la fois comme anti-abbaye, collège humaniste et société de cour, dans laquelle règne une extraordinaire sympathie, Thélème concentre en son sein l'idéal humaniste distillé dans le roman. Un siècle plus tard, le centre ou le pivot de l'œuvre des moralistes sera le classicisme : La Fontaine, La Bruyère ou Boileau s'approprieront le précepte classique du *placere et docere* et transmettront, par le rire, l'idéal classique de la mesure. En effet, le lecteur, savourant les portraits de vaniteux, tels Gnathon, le coq du fabuliste ou le critique littéraire de Boileau (« Le repas ridicule », *Satires,*

1666), lit en creux l'idéal de l'honnête homme, incarnation de la mesure et de l'élégance tant morale que physique. Au XVIIIe siècle, le conte philosophique sera à son tour porteur des idées de son époque, prônant le changement de mentalités et l'avènement des Lumières : par exemple, si le géant éponyme Micromégas balaie la métaphysique d'un revers de main, ses faits et gestes laissent transparaître un nouveau mode de pensée, fondé sur la démarche empirique. Le rire laisse alors place à un plaidoyer sur le relativisme, Micromégas se faisant le porte-parole non seulement de Voltaire mais de la philosophie des Lumières. Dans tous les cas, le rire se veut libérateur, voire cathartique : purgé, le lecteur est invité à réfléchir pour changer ses mœurs.

Ainsi, le rire tel que le conçoit Gérard Defaux, est un rire victorieux dans le sens où il devient un prétexte littéraire, la littérature d'idées s'apparentant dès lors à la comédie et à son « *castigat ridendo mores* » – « elle châtie les mœurs par le rire ». Néanmoins, ce stratagème n'est pas sans failles puisque la jubilation verbale peut nuire à la transparence du savoir, rendant ce dernier déroutant, voire insaisissable.

En premier lieu, la compulsion ludique et la jubilation verbale propres à l'écriture fantaisiste peuvent ébranler le sens profond. La démesure comique, l'hyperbole numérique foisonnent, tant chez Rabelais que chez Voltaire, les deux écrivains s'apparentant aux « *plus grands artistes* » définis par Alain Vaillant dans *La Civilisation du rire* (2016) : « *Puisqu'il existe, à n'en pas douter, un art du rire, cet art se limite, définitivement et absolument, à l'art de faire rire ; et leurs plus grands artistes, admirables en proportion de leur savoir-faire comme pour toutes les autres formes d'art, sont juste ceux qui font rire le plus.* » En effet, les œuvres comiques que sont *Gargantua* ou *Micromégas* provoquent l'hilarité du lecteur : l'abondance et la surenchère caractérisent les chapitres consacrés à l'habillement ou aux repas de *Gargantua* ; les effets de disproportion, le surcroît d'invraisemblance, liés au gigantisme, se retrouvent dans les deux œuvres. L'épisode du pissefort (*Gargantua*, ch. 17) ou l'image du « *Sirien tena*[nt] *le nain sur ses genoux, et le vaisseau avec l'équipage sur un ongle* » (*Micromégas*, ch. 6) en sont des exemples frappants. Alors que Gargantua prend les boulets de canon pour des grains de raisin, des mouches ou des poux (ch. 36 et 37), Micromégas quant à lui prend les montagnes pour de « *petits grains pointus* » (ch. 4). Néologismes et jeux verbaux abondent chez Rabelais, usant à plusieurs reprises du polyptote virtuose, comme au chapitre 19 : « *Omnis clocha clochabilis in clocherio clochando clochans clochativo clochare facit clochabiliter clochantes.* » Le plaisir des mots, le goût pour l'excès, la grivoiserie, voire la scatologie, traduisent aisément la jubilation d'un écrivain se faisant lexicalement plaisir. Dans ces moments, le texte déraille et confine à la folie : les propos des bien ivres (ch. 5), la litanie des torcheculs ou le rondeau scatologique inventés par Gargantua (ch. 13) paraissent gratuits. Le rire rabelaisien est un rire bachique, le prologue revendiquant d'ailleurs l'ivresse d'une écriture sentant le vin, puisque « *L'odeur du vin est, ô combien plus friande, riante, priante, céleste et délicieuse que celle de l'huile !* » Par conséquent, la quête du sens semble vouée à l'échec.

Au lecteur est donc refusée l'évidence d'un savoir, quel qu'il soit. D'ailleurs, Rabelais ne cesse de clamer, par le biais d'Alcofribas Nasier, son refus d'une herméneutique facile. Le roman est encadré par deux énigmes, créant une circularité qui enferme l'œuvre dans l'ambiguïté. Dans les deux cas, il s'agit d'allégories obscures : le titre des « *fanfreluches* » annonce un sujet insignifiant, pourtant on y distingue quelques bribes d'allusions politiques à François 1er ou Charles Quint. L'énigme finale est interprétée de deux façons : selon Gargantua, il s'agirait d'une promesse d'espérance adressée aux évangéliques ; mais frère Jean lui oppose une interprétation plus terre à terre : il s'agirait tout simplement de la description du jeu de paume. De plus, le narrateur se plaît à malmener le lecteur en usant de la contradiction volontaire, comme aux chapitres 9 et 10 : fustigeant dans un premier temps le symbolisme des couleurs d'un blason, il avance pourtant une symbolique du bleu et du blanc dans un second temps. Ces contradictions, révélant l'arbitraire de toute interprétation, font appel à la méfiance du lecteur, invité à relire par exemple les propos des bien ivres : sont-ce des propos d'ivres ou de gens sensés ? Rabelais ne cesse de cultiver l'équivoque, de sorte que le sens est difficilement appréhensible. Dans *Micromégas*, un passage retient notre attention : au chapitre 4, les voyageurs commencent une enquête pour savoir si la terre est habitée : « *Ils se baissèrent, ils se couchèrent, ils tâtèrent partout* ». Ne sentant rien sous les doigts, le Saturnien en conclut que la terre n'est pas habitée. « *Micromégas lui fit sentir poliment que c'était raisonner assez mal :* [...] *— Mais, dit le nain, j'ai bien tâté. — Mais, répondit l'autre, vous avez mal senti.* » Ce passage peut-il se lire comme la métaphore du travail auquel est confronté tout lecteur interprète ? Quoi qu'il en soit, la vérité est difficilement accessible car le rire malmène le lecteur dans sa quête du sens.

Par conséquent, le rire provoque la confusion du savoir. Cette confusion est renforcée par le dispositif d'énonciation complexe : Rabelais n'est pas Alcofribas Nasier, Voltaire n'est pas le conteur, Montesquieu n'est pas Rica. Au contraire, l'écrivain porte un regard amusé sur le narrateur qu'il manipule à sa guise. Ainsi, Alcofribas Nasier est un vieillard aviné, qui se présente comme tel au chapitre 9 dans une adresse au lecteur : « *J'entends bien que, lisant ces mots, vous vous moquez du vieux buveur* ». Dès le prologue, il demande à son lecteur d'interpréter ses paroles dans le sens de la plus haute perfection mais de révérer en même temps « *le cerveau en forme de fromage qui* [lui] *offre en pâture ces belles billevesées* ». Au chapitre 6, il commence par assurer son lecteur de la véracité de ses écrits : « *Si vous n'y croyez pas, je ne m'en soucie pas, mais un homme de bien, un homme de bon sens croit toujours ce qu'on lui dit et ce qu'il trouve dans les écrits* » ; puis il conclut le chapitre en se qualifiant de « *menteur* ». Dans ces conditions, comment faire confiance à un tel narrateur ? Le conteur de *Micromégas* n'échappe pas non plus à l'équivoque, lui-même se présentant comme un « *historien* » (ch. 4) mais livrant au lecteur un récit invraisemblable. La fantaisie est donc génératrice de comique mais aussi d'incertitude. Même les sujets les plus sérieux posent problème. Grandgousier est certes un roi pacifique incarnant l'idéal humaniste, qui ressemble par bien des traits à Louis XII, surnommé « le père du peuple ». Mais il est un roi idéaliste : non seulement les combats seront cruels et sans merci, mais il ne parviendra pas à « *convertir* » Picrochole. Il faut toujours se méfier de la perfection chez Rabelais : ce roi n'est-il pas moralement trop ambitieux ? De plus, de nombreuses zones d'ombre laissent le lecteur dubitatif : les méthodes d'éducation de Ponocrates semblent peu réalistes, l'emploi du temps est très chargé... Thélème, dont le nom signifie « volonté », soulève pourtant le problème du libre-arbitre ; l'absence d'individualisation et le caractère élitiste mettent en exergue les limites de l'utopie. À Thélème, on ne boit pas, on ne rit pas beaucoup, ce qui fera dire à Mikhaïl Bakhtine qu'« *il n'y a rien de rabelaisien dans Thélème* » (*L'œuvre de François Rabelais et la culture populaire au Moyen Âge et sous la Renaissance*, 1970) ; d'ailleurs il ne sera plus question de cette abbaye ni des Thélémites dans le *Tiers livre*. S'ensuit par conséquent la perte de toute crédibilité, et par conséquent, la suspension morale de la fiction comique.

Le rire ébranle ainsi la certitude, le savoir délivré étant constamment remis en cause. Quoi qu'il en soit, c'est précisément de la défaite du sens qu'est créée une œuvre jubilatoire, reposant sur une sorte de contamination permanente et réversible du sérieux et du comique. Le rire va de pair avec le refus de se prendre au sérieux et le refus d'un lecteur raisonneur. En définitive, le rire secoue bel et bien l'intelligence.

Tout d'abord, la gravité est désamorcée par le rire : le savoir repose donc sur la réciprocité du rire et du sérieux. Comme le rappelle Gérard Defaux dans sa préface à *Gargantua* (1994), « *Rabelais, tout en nous faisant rire, et en riant lui-même, n'oublie jamais de nous instruire et de nous éduquer.* » La folie et le savoir ne sont guère dissociables : dans *Gargantua*, les joyeux massacres de Frère Jean doivent faire rire ; la veine héroïcomique propre aux « Deux Coqs » de La Fontaine, ou la veine burlesque utilisée pour décrire la guerre dans *Micromégas* (ch. 6) neutralisent un court instant la violence pour mieux la dénoncer. Dans de tels passages, le rire et le sérieux s'annulent : de cette annulation surgit une écriture jubilatoire comme l'analyse Gérard Milhe Poutingon : « *Jubilatoire traduit* festivius, *de* festivitas, *notion centrale dans l'œuvre d'Érasme, que Rabelais lui emprunte, désignant une forme d'esprit tournée vers la légèreté, la joie, et reposant sur une sorte d'annulation du haut et du bas, du sérieux et du comique, qui se transforment constamment l'un en l'autre.* » Non seulement l'écrivain refuse de se prendre au sérieux, mais il « *refuse de faire la moindre différence entre le rire et le sérieux* » (Gérard Defaux).

Ainsi, la collision entre érudition et grotesque forge le style des écrivains-rieurs : ni le langage anatomique (dans *Gargantua*), ni le langage astronomique (dans *Micromégas*), ni le langage homérique (dans « Les Deux Coqs ») ne sont pris au sérieux, alors qu'ils révèlent *a priori* la culture et la curiosité intellectuelle de Rabelais, Voltaire ou La Fontaine. À ce titre, les étymologies avancées de « Paris », « Parisiens » ou de la « Beauce » sont révélatrices de la réciprocité du rire et du sérieux, Alcofribas Nasier parsemant son explication de références farfelues tout en adoptant un ton très sérieux (ch. 16 et 17). Au-delà du rire se fait donc entendre une éthique de la joie, seule capable d'absorber le rire et le savoir.

Le refus de se prendre au sérieux s'accompagne du refus d'un lecteur raisonneur. Contre les agélastes, ces personnes qui sont incapables de rire ou de se montrer joyeuses, les écrivains s'attachent à l'éducation d'un bon rieur. En effet, l'œuvre rabelaisienne témoigne du « *jubilant désir d'égarer le lecteur raisonneur* » selon Gabriel-André Pérouse (*Nouvelles françaises du* XVIe *siècle : images de la vie du temps*, 1977) ; « *Le* Gargantua *est le lieu de la liquidation joyeuse du Sophiste* », complète Gérard Defaux. La figure du pédant, tel Janotus de Bragmardo (ch. 19) est fustigée non seulement chez Rabelais, mais aussi chez Boileau (« Le repas ridicule »), La Bruyère (portrait d'Arrias), La Fontaine (« L'Écolier, le Pédant et le Maître d'un jardin », IX, 5) ou Voltaire (la « *mite philosophique* » du chapitre 7 de *Micromégas* cite Aristote en grec sans en saisir le sens). Par contraste, chaque écrivain fait la proposition d'un bon rieur, se plaçant sous l'autorité de figures tutélaires comme Socrate ou Démocrite. Dans le prologue de *Gargantua*, Socrate est présenté comme étant « *toujours riant, toujours buvant autant que chacun de ses compagnons, toujours se moquant, toujours dissimulant son divin savoir.* » Dans cette lignée, La Fontaine réhabilite la figure de Démocrite, le philosophe-rieur (« Démocrite et les Abdéritains », VIII, 26), figure mentionnée au chapitre 20 de *Gargantua*, Ponocrates et Eudémon (doubles du lecteur ?) étant comparés à « *Démocrite héraclitisant et Héraclite démocritisant* ». L'association légendaire du rire de Démocrite et des pleurs d'Héraclite questionne la dynamique du paradoxe qui existe entre le rire et les larmes. Selon Rabelais, La Fontaine, Montesquieu, Voltaire et tant d'autres, le rire est l'unique réponse à donner à l'universelle folie des hommes. C'est pourquoi le « *rire inextinguible* » de Micromégas et son compagnon interrompt le discours des métaphysiciens (ch. 7), ou que Picrochole, ce roi qui a « la bile amère » comme le suggère l'onomastique, ce mélancolique qui ne sait pas rire, ce « *pauvre colérique* » disparaît de la narration au chapitre 49. À l'instar de Ponocrates, Eudémon ou Micromégas, le lecteur est invité à rire grâce à une joyeuse intoxication de l'esprit. Le dizain liminaire de *Gargantua* introduisait déjà l'invitation à une festivité verbale : « *Il vaut mieux traiter du rire que des larmes, / Parce que le rire est le propre de l'homme.* » L'agélaste devient donc le contre-exemple du bon lecteur, qui doit être avant tout un bon rieur.

Or un tel rire n'exclut pas la recherche du sens, même s'il n'est pas immédiat. Certes, l'intention de Rabelais est souvent insaisissable : mais c'est précisément au lecteur bon rieur qu'il revient le devoir de combler les lacunes du texte. En effet, si Alcofribas Nasier se présente comme un alchimiste, un « *abstracteur de quinte essence* », le lecteur doit participer à la réalisation de l'alchimie, éprouvant les « *acrobaties de l'esprit* » chères à Rabelais, tel que l'analyse André Tournon : « *Dans l'Énigme, les énoncés sont polysémiques et doivent le rester pour que le message prenne tout son sens* [...]. *Il faut simplement faire jouer les équivoques en procédant à une inspection des séries concurrentes de significations, pour qu'apparaisse, comme principe et sens de leur combinaison, la gaie leçon d'espérance qui résume le roman* » (« *En sens agile* ». *Les acrobaties de l'esprit selon Rabelais*, 1995). Le savoir n'est pas absolu, mais l'énigme finale laisse entendre au lecteur diligent la promesse d'une récompense : « *après ces évènements conclus, les élus* [...], *honorés d'une récompense, seront enrichis.* » Dans cette même logique, le livre que Micromégas promet aux Terriens, et qui doit contenir « *le bout des choses* », est ouvert mais ne contient que des pages blanches (ch. 7). Rabelais et Voltaire partagent ainsi le refus du savoir évident parce que la doctrine absolue n'existe pas. Le rire doit donc « *secouer l'intelligence* » du lecteur, selon les mots de Guy Demerson (« Géant de *Chroniques* et géants de *Chronique*. Rabelais entre Jean Bouchet et Érasme », 1993) ; néanmoins, il est impératif que le lecteur se forge sa propre opinion, à partir des données de l'écrivain.

Ainsi, sous couvert du rire, l'écrivain s'autorise tout, balayant « *le vieux monde* » et incitant le lecteur à faire sien l'« *éclat de rire énorme* [qui] *Est un des gouffres de l'esprit* » d'après Victor Hugo. Pourtant, la dimension ludique de l'écriture anticonformiste peut nuire à la transparence du savoir, le lecteur étant confronté à l'opacité d'une sagesse qui lui semble refusée. Mais le savoir repose précisément sur la réciprocité absolue du rire et du sérieux : dans l'œuvre rabelaisienne, « *Tout y est gratuité, tout peut y devenir subversion* », commente Gabriel-André Pérouse. L'œuvre jubilatoire qui découle de cette contamination permanente de la folie et de la sagesse inclut nécessairement le lecteur, invité à saisir, dans l'interstice des lignes, une pensée mouvante mais édifiante.

Ce désir d'implication du lecteur est partagé par bon nombre d'artistes, qui n'ont pourtant pas en commun l'esthétique du rire. Flaubert par exemple refuse à son tour le dogmatisme et la « *moralisation des masses* » (*L'Éducation sentimentale*, 1869), se montrant particulièrement sévère à l'encontre de toute lecture négligente : « *Si le lecteur ne tire pas d'un livre la morale qui doit s'y trouver, c'est que le lecteur est un imbécile ou que le livre est faux* ».

Explications linéaires

Gargantua sur les tours de Notre-Dame (chapitre 17)

Du début du chapitre à « *fiers en parler.* »

- Éléments de contextualisation

Si *Gargantua* adopte la structure d'un roman de chevalerie, exposant de façon chronologique l'enfance puis l'éducation du jeune héros éponyme, certains chapitres rompent avec la tradition en exploitant le thème du gigantisme cher à Rabelais. En effet, après l'échec de l'éducation menée par les précepteurs sophistes, Gargantua s'en va poursuivre ses études sous l'égide du précepteur humaniste Ponocrates. Confronté à un véritable harcèlement de la part des habitants de Paris, Gargantua se réfugie sur les tours de Notre-Dame. C'est ainsi qu'au cœur même de l'éducation, le narrateur Alcofribas Nasier marque une pause dans la narration et inscrit un passage de pure comédie qu'il emprunte aux *Chroniques*[1] de 1532 et dans lequel l'écrivain atteint la perfection comique. Néanmoins, le lecteur averti dès le prologue, sait à quoi s'en tenir et doit chercher à « *rompre l'os* » pour « *sucer la substantifique moelle* ».

---

1. *Les Grandes et Inestimables Chroniques du grand et énorme géant Gargantua* sont publiées anonymement en 1532. Rabelais reprend à cette œuvre plusieurs épisodes, notamment celui des cloches de Notre-Dame, tout en y ajoutant une connotation satirique.

- Lecture expressive du passage

- Problématique : Il s'agira d'analyser en quoi cet épisode héroïcomique met en scène un combat carnavalesque entre le géant évangélique et le géant sorbonnien.

- Annonce des mouvements de l'extrait

I. Introduction de la farce du géant : les premiers indices de la satire

(§ 1 et 2)

1. Satire du peuple de Paris (§ 1)

- Dès la première phrase, Alcofribas Nasier réintroduit **le motif du gigantisme** malgré une présentation succincte du contexte insistant *a priori* sur la dimension humaine des voyageurs lesquels, comme n'importe quels autres voyageurs, reprennent des forces avant de visiter la ville. Mais la suite de la phrase singularise le héros grâce à l'hyperbole : « *il fut vu de tout le monde en grande admiration* ». Le géant attire les regards de tous en raison de son apparence singulière, ce qui autorise dès lors le conteur à entamer une réflexion, quoique discrète, sur **l'ambivalence de l'être et du paraître.**
- Le récit laisse alors place au commentaire du narrateur. La gradation rythmique « *tant sot, tant badaud, et tant inepte de nature* » ouvre la satire, le peuple étant décrit grâce aux adjectifs dépréciatifs mis en valeur par l'intensif répété. Les termes, redondants car synonymes, mettent en exergue le caractère inné du peuple de Paris, à savoir la bêtise.
- Pour dénoncer la sottise des Parisiens, le narrateur use du **lexique du spectacle et de la fête**, mettant en scène « *un bateleur* », « *un mulet avec ses cymbales* » ou « *un vielleux* », lesquels côtoient « *un porteur de rogatons* » (religieux d'un ordre mendiant, portant des reliques ou des indulgences). Tous ces plaisantins appartenant à l'univers de la foire ou de la superstition religieuse s'opposent au « *bon prêcheur évangélique* » : derrière la farce se masque la virulente critique rabelaisienne à l'encontre de la bêtise populaire qui consiste à accorder plus

de crédit aux indulgences qu'aux prédications évangéliques[1]. Le peuple parisien est « *tant sot* » qu'il reste sourd au « *bon prêcheur évangélique* ».

- Au-delà de cette critique, Rabelais révèle le **conflit entre deux conceptions religieuses** : la première, au centre de laquelle se trouve le « *porteur de rogatons* », référence à la Sorbonne et aux superstitions religieuses ; la seconde, faite de prédications. Rabelais revendique ici l'évangélisme, attitude spirituelle qui constitue une sorte de christianisme intériorisé.

2. Gargantua sur les tours (§ 2)

- Après ce rapide commentaire, le narrateur reprend son récit : à cause du harcèlement des sots, dont il souligne les effets néfastes (« *si molestement* »), Gargantua se réfugie sur les tours de Notre-Dame.
- Par représailles, il prépare une **farce**, pour réprimander les curieux qui s'agglutinent autour de lui : là encore, le narrateur singularise le héros seul contre tous par l'opposition du singulier et du pluriel (« *Installé à cet endroit, et voyant tant de gens autour de lui* »).
- L'intrusion du discours direct, qui dynamise le récit, tend à faire entendre la justification de la victime des poursuites incessantes des curieux dont la grossièreté est soulignée par le terme dépréciatif « *maroufles* » : le mauvais accueil et l'humiliation entraînent la **vengeance du géant.**
- Si Gargantua justicier semble se ranger du côté de la raison, ce qu'exprime l'impersonnel « *C'est juste* », la dernière phrase introduit **la farce** avec la mention faite au rire, associé au motif du vin : « *Je vais leur donner du vin. Mais ce ne sera que par ris.* » (par plaisanterie).
- L'image de Gargantua sur les tours doit être comprise de deux manières métaphoriques. D'une part, le haut des tours fait référence au haut des tours de l'Université (La Sorbonne) : dans cette perspective, il s'agit ici d'un **combat carnavalesque entre**

1. Les humanistes reprochaient à l'Église d'exploiter la ferveur populaire et de favoriser le commerce des reliques ou des indulgences.

le géant évangélique et le géant sorbonnien. D'autre part, Gargantua en haut des tours de la cathédrale s'élève au niveau du divin – le lexique religieux est d'ailleurs très présent ici. Cet épisode imprime dès lors **l'image burlesque du Dieu qui juge et punit son peuple qui ne suit pas l'évangélisme.**

➜ Transition

Les premières lignes inscrivent donc l'extrait dans le genre farcesque tout en amorçant la réflexion grâce à la satire. Le deuxième mouvement du texte se concentre sur le châtiment de Gargantua jouant le rôle de justicier.

II. Gigantisme et héroïcomique

(§ 3 et 4 jusqu'à « *nous sommes baignés par ris !* »)

1. La vengeance de Gargantua (§ 3)

- À la violence du harcèlement des curieux s'oppose le sourire du géant, ce qui atténue la cruauté du châtiment imposé : c'est par le rire que le géant **se libère du joug des oppresseurs.**
- Cet épisode traduit aisément le goût rabelaisien pour la **scatologie**, avec l'hyperbole « *sa belle braguette* », l'image de la « *mentule* » de Gargantua, ou le vocabulaire de l'urine.
- Il s'agit ici d'une **parodie d'un épisode épique**, puisque le flot d'urine remplace le flot de sang propre au combat. L'hyperbole est de mise, avec la marque de l'intensif « *si aigrement* » et l'exagération du nombre des victimes : 260 418 noyés.
- À cette image relevant de l'héroïcomique se superpose **la parodie d'un épisode biblique** : le Déluge, ce génocide divin qui arracha les hommes du mal. L'intertextualité biblique est d'ailleurs explicite avec la reprise d'une expression récurrente dans la Bible, qu'on trouve par exemple chez Matthieu (XIV, 21) : « *exceptis mulieribus et parvulis* », « *excepté les femmes et les petits enfants* ».

2. Satire des rescapés (§ 4 jusqu'à « *nous sommes baignés par ris !* »)

- Le narrateur oppose le nombre des victimes à celui des rescapés, lesquels se distinguent par leur **lâcheté** comme le mettent en valeur le lexique de la fuite et le langage très imagé : « *Quelques-uns d'entre eux s'évadèrent de ce pissefort en prenant leurs jambes à leur cou.* »
- La scène se passant au sein du quartier latin, fief de la faculté de Théologie, les fuyards se réfugient à la Sorbonne, « *au plus haut du quartier* ». S'ensuit la **caricature** de ces hommes « *suant, toussant, crachant, et hors d'haleine* » : l'accumulation entretient la satire des « Sorbonnagres » auxquels il est fait allusion, et rappelle les premiers précepteurs de Gargantua qualifiés de « *vieux tousseux* » au chapitre 14. La toux et les crachats de ces hommes ont une portée symbolique : non seulement ces derniers ne profèrent que des paroles inintelligibles ou calomnieuses, mais ils sont surtout de grands malades, leur pensée et leur état d'esprit s'apparentant à un mal dont il convient de se débarrasser.
- Leurs paroles ne sont que **blasphèmes** et jurons : il est d'ailleurs intéressant de noter que dans la première édition, les fuyards proféraient une litanie de jurons, Rabelais faisant entendre ainsi de façon ironique, le mal dans la bouche de ses adversaires religieux.
- À l'instar des soldats de Picrochole (chapitre 27), les rescapés implorent des saints inconnus, telle « *Sainte Mamie* » ou profèrent des formules magiques chassant les démons : « *Carimari, Carimara* » (exécration empruntée à la *Farce de maître Pathelin*).

➜ Transition

Ce passage conjugue donc plusieurs types de comique puisqu'au comique de situation s'associe le comique de caractères. Le dernier mouvement exploite quant à lui le comique de mots, le narrateur revendiquant une étymologie fantaisiste participant à la satire du peuple parisien.

III. Revendication d'une étymologie fantaisiste

(« *Depuis, la ville en fut nommée* [...] *fiers en parler.* »)

1. Étymologie de « Paris » (première phrase)

- À nouveau le récit laisse place au commentaire, le narrateur parsemant son explication de références farfelues. Ainsi, selon lui, le toponyme viendrait de la parole des fuyards « *arrosés par ris* ». Ce calembour, évidemment grotesque, laisse transparaître la jouissance verbale de l'écrivain, renvoyant aux « *propos des bien ivres* » (chapitre 5) qui multipliaient les jeux de mots. L'écriture rabelaisienne est une **écriture bachique** s'adonnant au délire verbal.
- Néanmoins, le narrateur, adoptant un ton très sérieux, s'appuie sur un **argument d'autorité** pour nous donner l'impression que cette étymologie est vraisemblable : selon lui, la ville « *auparavant était appelée Leukèce, comme le dit Strabon au livre IV, c'est-à-dire, en grec, Blanchette, en raison des blanches cuisses des dames dudit lieu.* » Or, si Strabon a véritablement existé, le géographe grec (né au Ier siècle avant J.-C.) n'a jamais fait dériver, ni dans son Livre IV, ni dans aucun autre écrit, le nom « Lutèce » de l'adjectif grec « *leukos* » (blanc). La collision entre la référence à une autorité reconnue et l'interprétation fantaisiste relève encore de l'**héroïcomique**.
- L'imagination et la fantaisie de l'écrivain culminent en fin de phrase avec l'explication des « *blanches cuisses des dames dudit lieu* », inscrivant la **scatologie** au cœur de la prose rabelaisienne, et annonçant déjà l'explication de Frère Jean au sujet de son nez (chapitre 40).
- Quoi qu'il en soit, cette première explication, purement fantaisiste, entretient le comique farcesque.

2. Étymologie de « Parisiens » (deuxième et troisième phrases)

- La deuxième explication se veut tout aussi **fantaisiste** : selon Alcofribas Nasier, le nom « Parisiens » tirerait son origine du grec « *Parrhésiens* » qui signifie « *fiers en parler* », « qui ont bon bec ». Là encore, le commentateur « érudit » convoque l'autorité de « *Joaninus de Barranco* » (double de Jonatus de

Bragmardo ?). Or, contrairement à la première référence, le livre cité, « *De copiositate reverentiarum* » (« De l'abondance des marques de respect ») et son auteur sont **imaginaires**. Rabelais est un moine érudit, qui joue sur ses connaissances et se plaît à mêler le vrai et le faux.

- Quoique plaisante, cette étymologie se range davantage du côté de la **satire** puisqu'elle fomente la critique des Parisiens, qui non seulement parlent avec vivacité et malice, mais sont **impies** (« *tous les assistants jurèrent chacun les saints de sa paroisse* »), **orgueilleux** et **vaniteux** (« *imbus d'eux-mêmes* »). La paronomase « *bons jureurs et bons juristes* » tend à confondre deux univers, celui du blasphème et celui du droit, parachevant la satire.

Conclusion

Ce passage est donc emblématique de la prose rabelaisienne, dans laquelle le rire est un prétexte permettant à l'écrivain d'exprimer sa pensée par rapport à son époque. Ainsi, cet épisode héroïcomique révèle une structure à deux niveaux : le sens littéral et superficiel renvoie à une histoire de géant, dont l'objectif principal est de faire rire le lecteur. Mais ce dernier est invité à saisir le sens plus profond du texte et doit être en mesure d'apprécier la satire des Parisiens : Rabelais, non sans humour, met en scène un combat carnavalesque entre le géant évangélique et le géant sorbonnien. Derrière la farce et la légèreté propres au gigantisme se cache donc une satire virulente : si les Parisiens sont punis, c'est en raison de leur inculture, de leur superstition, de leur vanité. L'épisode du « *pissefort* » se clôt sur le vol des cloches – Gargantua les emportant, pensant qu'« *elles serviraient bien de clochettes au cou de sa jument* », mais la satire se poursuit et culmine avec la harangue de Janotus de Bragmardo, véritable parodie de la rhétorique sophiste (chapitre 19).

Le conseil de Picrochole (chapitre 33)

Du début du chapitre à « *je ne lui baiserai pas sa pantoufle.* »

• Éléments de contextualisation

Dans *Gargantua*, de nombreux motifs binaires soulignent l'esthétique du contraste. En effet, Rabelais crée dans son roman tout un système de correspondances qui nous incitent à la lecture de deux récits, l'un nous exposant la folie, l'autre au contraire la sagesse, que ce soit dans le domaine de l'éducation, de la religion ou de la politique. Ces deux récits procèdent par regroupements d'épisodes et d'éclairages réciproques : ainsi, après avoir opposé dans un diptyque deux méthodes d'éducation, l'écrivain use à nouveau du diptyque pour amorcer une réflexion sur la conduite de la guerre. À la réflexion stratégique de Grandgousier et à son constant souci d'humanité (chapitres 28 à 32) s'opposent l'impulsivité haineuse de Picrochole et ses fantasmes de domination universelle. La piété et l'esprit charitable du premier font ressortir l'esprit belliqueux et irritable de Picrochole, mis en scène au chapitre 33 dans une saynète de comédie où il devient un pantin entre les mains de ses mauvais conseillers.

• Lecture expressive du passage

• Problématique : Il s'agira d'analyser en quoi cette saynète de comédie permet à Rabelais de railler la folie belliqueuse propre à la guerre de conquête.

• Annonce des mouvements de l'extrait

I. La parodie d'un conseil de guerre

(« *Les fouaces détroussées* [...] *Thésauriser est fait de vilain.* »)

1. Des conseillers obséquieux

(« *Les fouaces détroussées* [...] *dit Picrochole.* »)

- Le début du chapitre, s'il opère une habile transition, rappelle le refus des gages de paix offerts par Grandgousier (chapitre 32) en insistant sur la **violence** du procédé, le verbe « détrousser » induisant l'idée de pillage, de fourberie, de frénésie. Cette violence d'ordre physique introduit la violence d'une autre nature, puisque les conseillers vont user d'une violence verbale propre à exciter l'animosité de Picrochole.
- Les trois conseillers sont d'emblée discrédités par leurs noms, en dépit des titres qu'ils portent. S'ils sont « *duc* », « *comte* » ou « *capitaine* », l'**onomastique** suggère néanmoins leur **fourberie** (« *Menuail* » signifiant « le peuple menu, la canaille »), leur **fureur guerrière** (« *Spadassin* ») ou leur **grossièreté**, grâce au nom scatologique (« *Merdaille* »).
- Pourtant, ces conseillers prennent la parole : le récit se mue en saynète de comédie dans laquelle les personnages vont se définir eux-mêmes par leur **parole obséquieuse**. Les premiers mots, énoncés au discours direct, laissent entendre la flatterie à son paroxysme, les trois voix confondues en une seule – signe d'un manque de personnalité – usant du superlatif et de l'hyperbole : « *nous vous rendons le plus heureux, le plus chevaleresque prince qui ait jamais été depuis la mort d'Alexandre de Macédoine.* » La comparaison flatteuse à Alexandre le Grand inscrit Picrochole dans la lignée des grands conquérants de l'Antiquité.
- **Cette parole obtient l'effet escompté,** puisque Picrochole leur demande de se recouvrir, signe qu'il les invite à poursuivre. La réplique du roi constitue une sorte de didascalie interne, le lecteur imaginant sans peine la gestuelle des trois courtisans.

2. Des conseillers habiles à flatter l'orgueil de Picrochole

(« – *Grand merci* [...] *bien mieux que nous.* »)

- Après cette entrée en matière, les trois hommes, d'une seule voix qui leur refuse toute identification propre, font preuve de **fausse modestie** : « *Sire, nous sommes à notre devoir.* »
- Ayant facilement persuadé leur roi, ils énoncent alors sans plus tarder leur **plan de défense** (« *vous laisserez ici quelque capitaine en garnison* ») et leur **plan d'attaque** (« *Vous diviserez votre armée en deux* »).
- Mais leur **flagornerie** est sans borne : insidieusement, ils vantent la politique intérieure de Picrochole en rappelant son rôle de bâtisseur et en louant son ingéniosité : la place est « *assez forte, tant par nature que par les remparts faits à* [son] *invention.* ». De plus, ils font l'éloge de l'intelligence hors du commun de leur roi, usant du comparatif de supériorité (« *vous l'entendez bien mieux que nous* »).
- Ces conseillers, habiles à flatter l'orgueil du roi, vont aveugler ce dernier et commettent un **impair lourd de sens** en ne laissant qu'une « *petite bande de gens pour garder la place* », si consolidée soit-elle.
- Contrairement à Grandgousier, qui veut « *secourir et garantir* [s]*es pauvres sujets* » (chapitre 28) et qui demande à son fils de rentrer en hâte pour « *protéger les gens et les biens qui* [lui] *sont confiés par droit naturel* » (chapitre 29), Picrochole ne paraît pas ému par le sort de ses sujets qui resteront sous la protection d'une « *petite bande de gens* ». **Figure inversée du roi chrétien**, Picrochole est mû par le désir d'expansion et non par le souci de protéger ses sujets.

3. La manipulation rhétorique

(« *Une partie ira se ruer* [...] *Thésauriser est fait de vilain.* »)

- Le plan d'attaque, énoncé au futur, ne semble pas inquiéter les conseillers qui présentent déjà, dans une sorte de prolepse, **l'issue heureuse du combat** : « *Une partie ira se ruer sur ce Grandgousier et ses gens, et il sera, au premier assaut,* *facilement déconfit.* » La bataille sera expéditive – ce que suggère le lexique de l'urgence et de la rapidité – et l'adverbe « *facilement* » met en exergue la disproportion des forces en présence.

- L'adversaire, mis à distance par l'emploi du démonstratif (« *ce Grandgousier* »), n'est pas considéré comme un ennemi conséquent ; les soldats de Grandgousier sont quant à eux dévalorisés dans un euphémisme (« *ses gens* ») et par conséquent ne constituent pas une menace sérieuse.
- Ensuite, les conseillers flattent non plus tant l'orgueil de Picrochole que sa **cupidité**, le séduisant par l'**appât du gain** : « *Là vous recouvrerez de l'argent à profusion* ». L'hyperbole entretient la stratégie argumentative des conseillers, lesquels s'adressent aux sens et non à la raison du roi – l'argent étant presque palpable comme le suggère le texte source : « *Là recouvrerez argent à tas* ».
- Ce discours fait montre d'une **manipulation rhétorique** : les deux maximes finales, énoncées au présent de vérité générale, s'apparentent, dans la bouche des conseillers, à des arguments irréfutables : « *un noble prince n'a jamais un sou. Thésauriser est fait de vilain.* » Ces deux maximes sont envisagées comme les prémisses d'un **syllogisme inversé** : « *Thésauriser est fait de vilain* » ; or Grandgousier thésaurise ; donc Grandgousier est un vilain. Or la première prémisse, présentée comme irréfutable, n'est pas avérée ; le raisonnement des conseillers, qui se veut logique, est absurde et ne fait que renforcer le comique de caractères, d'autant plus que le lecteur n'a jamais été témoin d'une quelconque « thésaurisation » de la part de Grandgousier, décrit au contraire comme un roi généreux et débonnaire.

→ Transition

Ainsi, Rabelais met en scène, de façon parodique, trois conseillers obséquieux, habiles à flatter l'orgueil et la cupidité du roi, et usant de la rhétorique pour le manipuler à leur aise ; Picrochole n'est plus qu'un pantin entre leurs mains. Dans un second temps, les conseillers s'attachent à fomenter le rêve d'hégémonie de Picrochole.

II. Le rêve d'Hégémonie : dénonciation de la guerre de conquête

(« *Cependant, l'autre partie,* » […] *je ne lui baiserai pas sa pantoufle.* »)

1. Satire de l'impérialisme

(« *Cependant, l'autre partie* […] *ce ne sont que des lourdauds !* »)

- Les conseillers monopolisent la parole tandis que Picrochole, passif, prête l'oreille à leurs **excitations belliqueuses et intéressées**, marquées par le champ lexical de la conquête.
- Dans leur projection, tout s'enchaîne à souhait. Les toponymes s'accumulent, la carte des conquêtes s'élargit et le lecteur, à l'instar de Picrochole, suit l'itinéraire de l'armée à la conquête des territoires français, basques, espagnols et portugais. Le **théâtre des opérations** s'étend progressivement, l'empire de Picrochole s'impose sur la terre (représentée de façon métonymique par les « *villes* », « *châteaux* », « *forteresses* ») et sur la mer (représentée de façon métonymique par les « *nefs* »).
- Le pluriel emphatique, la gradation à la fois rythmique et sémantique (« *ils prendront villes, châteaux et forteresses* ») et les hyperboles (« *sans résistance* », « *toutes les nefs* », « *tous les lieux maritimes* », « *tout l'équipage requis* ») font entendre **la prétention et l'ambition outrancières des conseillers**.
- Ces derniers sont néanmoins soucieux de faire participer le roi aux victoires comme le révèle le changement des pronoms (« *ils* » ; « *vous* ») : évincé dans un premier temps, le roi devient, dans cette tirade, **l'acteur principal des conquêtes** (« *vous saisirez* », « *vous pillerez* », « *vous aurez en renfort* »), jusqu'à devenir l'unique « *conquérant* ».
- La **démesure** des conseillers est au cœur de cette parole emphatique : emportés par leur enthousiasme belliqueux, ces derniers assimilent la conquête au pillage, profèrent un juron (« *Par le corbieu* ») et déprécient l'adversaire qui devient, dans la négation restrictive finale, un vulgaire maroufle.

- Cette tirade, **exempte de toute forme d'épique,** souligne le comique de caractères commun aux trois personnages mus par la pulsion de dominer l'autre.

2. Après l'appât du gain, l'appât de la gloire

(« *Vous passerez par le détroit* [...] *pourvu qu'il se fasse baptiser.* »)

- Flattant l'orgueil de leur roi, Menuail, Spadassin et Merdaille concluent leur première tirade en lui **promettant la gloire**, imaginant l'érection de « *deux colonnes* » « *pour perpétuer la mémoire de* [son] *nom* » et donnant même au détroit conquis le nom de « *mer Picrocholine.* »
- Le discours prophétique, **proche du fantasme**, use à nouveau de l'hyperbole et du comparatif de supériorité, comparant Picrochole non plus à Alexandre de Macédoine, mais à Hercule, l'inscrivant dès lors dans la lignée, non plus des fameux conquérants, mais des célèbres héros mythologiques.
- La référence aux deux colonnes d'Hercule est ironique et convoque le souvenir proche de Charles Quint, qui avait pour emblème deux colonnes symbolisant l'immensité de ses conquêtes. Derrière la description parodique de l'impérialisme du benêt Picrochole se cache la **dénonciation de l'impérialisme de Charles Quint.**
- D'ailleurs, le corsaire ottoman qui aida François 1er contre Charles Quint, en Méditerranée, n'était autre que... Barberousse, Grec orthodoxe converti à l'Islam avant de devenir le redoutable et célèbre écumeur des mers. Il est donc particulièrement jouissif pour **Picrochole, alias Charles Quint**, de visualiser presque (cf. le présentatif « *voici* ») la capture de son farouche ennemi qui avait fait allégeance à Soliman le Magnifique pour se protéger des Espagnols.
- C'est pourquoi Picrochole, longtemps silencieux, réagit et, contrairement aux attentes du lecteur, envisage de lui accorder sa grâce : sa bienveillance est-elle sincère, ou **n'est-ce que la saute d'humeur** d'un enthousiaste précipité dans un rêve ?

- Quoi qu'il en soit, la réponse des conseillers nuance la charité du premier, Rabelais faisant discrètement **allusion aux croisés** qui offraient aux vaincus la possibilité d'être baptisés ou de mourir.

3. Folie belliqueuse et délire verbal

(« *Et vous attaquerez* [...] *je ne lui baiserai pas sa pantoufle.* »)

- La litanie des toponymes se poursuit, mais le théâtre des opérations se déplace et se concentre sur le **territoire des Infidèles** : « *Tunis, Hippone, Alger, Bône, Cyrène et hardiment toute la Barbarie.* » Aux toponymes réels se mêle un toponyme fantaisiste, « *la Barbarie* » qui fait référence aux états d'Afrique du Nord, appelés « barbaresques ». Une fois de plus, la cible de la satire rabelaisienne n'est autre que Charles Quint, lequel combattit « hardiment » l'Islam et mit à sac Tunis en 1535 – luttant contre les troupes de Barberousse.
- La satire de l'empereur se poursuit : la phrase suivante énonce en la reformulant l**a devise de Charles Quint**, « *Plus oultre* ». À travers les énumérations qui s'ensuivent, Rabelais raille l'ambition des princes – entre autres Charles Quint – qui aspirent à la **monarchie universelle**. Le langage imagé (« *vous retiendrez en votre main* ») et hyperbolique laisse entendre la folie belliqueuse de n'importe quel conquérant.
- Enfin, les conquérants se rapprochant de l'Italie, c'est la **figure du pape** qui est convoquée de façon caricaturale : « *Le pauvre monsieur du pape meurt déjà de peur.* » La réaction de Picrochole est comique, Rabelais jouant sur le contraste entre l'interjection faisant référence à la foi chrétienne (« *Par ma foi* ») et le refus de s'abaisser à « *baise*[r] [l]*a pantoufle* » papale. Rabelais rappelle ici, non sans humour, les querelles entre papes et empereurs ; depuis le sac de Rome en 1527, les papes ne pouvaient plus collaborer à une politique hostile à celle de Charles Quint, d'où l'image plaisante du pape tremblant face à l'empereur.

Conclusion

Dans cette saynète de comédie, Rabelais excelle à exposer ses idées sérieuses sous la forme la plus attrayante du discours parodique. Il s'agit pour lui de dénoncer la folie ambitieuse et belliqueuse des conseillers de Picrochole et à travers eux, de n'importe quel conquérant. Picrochole, sans aucun esprit critique, s'imagine conquérir l'univers et aspire à la monarchie universelle. Pourtant, à la fin de ce délire collectif, un vieux gentilhomme nommé Échéphron (« le Retenu, le Prudent »), miroir inversé des mauvais conseillers, intervient et tente de mesurer, en vain, la fureur guerrière de Picrochole. Les chapitres suivants démentiront catégoriquement le rêve impérialiste, le renversement définitif de Picrochole pouvant se lire comme une allégorie de la disparition d'un monde ancien.

Imprimé en Italie par «La Tipografica Varese Srl» Varese